ERSTE SCHRITTE

IN DIE

FREIHEIT

Das Befreien
vom Ego, von Verblendungen, Illusionen und Eitelkeiten

Eine Zusammenstellung aus dem Buch »Challenge for Discipleship«
von

TORKOM SARAYDARIAN

T.S.G. Publishing Foundation, Inc.

Titel der Originalausgabe »First Steps Toward Freedom«
von Torkom Saraydarian

Copyright © 1995 The Creative Trust
T.S.G. Publishing Foundation, Inc.
Post Office Box 7068
Cave Creek, Arizona 85327-7068
United States of America
www.tsg-publishing.com

ISBN 978-3-7386-5720-3

Titel der deutschen Ausgabe »Erste Schritte in die Freiheit«
von Torkom Saraydarian

Copyright für die deutsche Ausgabe:
© 2015 - BOB BewusstseinsOrientierteBücher -
GbR Ursula Grossmann, Daniela Mohr,
Susanne Herzer, Thomas Herzer
Rappengasse 21
67365 Schwegenheim
Tel: +49 (0)6344-8622
E-Mail: info@bob-shop.online
www.bob-shop.online

Deutsche Übersetzung aus dem Amerikanischen: Zeitoon Abraham-Seipp

Textredaktion: Constanze Bretthauer und Udo Lipski-Kutsch

Lektorat: Guido Möller

Titelbild: Constanze Bretthauer

Grafische Gestaltung: Janina Röhrig

Herstellung und Verlag: BoD - Books on Demand, Norderstedt

Anmerkung:
Die Übungen in diesem Buch sollten als Richtlinien betrachtet werden.
Nutzt sie mit Besonnenheit und unter professioneller Anleitung.

Bibliografische Information der Deutschen Bibliothek: Die Deutsche Bibliothek verzeichnet diese Publikation in der Deutschen Nationalbibliografie; detaillierte Bibliographische Daten sind im Internet über <http://dnb.ddb.de> abrufbar.

Veröffentlicht in tiefer Dankbarkeit
und im Andenken an
Torkom Saraydarian

TSG-Germany

D ie ganze Menschheit leidet, ist verzweifelt, frustriert und erlebt Enttäuschungen. Viele Menschen erkennen jedoch nicht, dass sie sich selbst daran hindern glücklich zu sein.

Es gibt einen Weg aus dieser Situation, der mit unserer Bereitschaft beginnt, uns mit uns selber zu konfrontieren, Selbstmitleid zu entsagen und volle Verantwortung für die eigenen Erfahrungen zu übernehmen. Wir können viel gesünder werden und unser Leben besser genießen. Wir können Beziehungen kreieren, die uns erfüllen, erfolgreicher sein und in jeder Hinsicht gedeihen lassen. Freude findet somit Einzug in unserem Leben. Freude ist unser natürlicher Daseinszustand!

Wenn wir unser Leben verbessern, werden wir die uns einschränkenden Zustände aus dem Weg räumen. Dann haben wir die ersten Schritte getan, die uns in die Freiheit führen. Wir haben unsere Umgebung kreiert und wir können sie so verändern. Wir können Eigenverantwortung übernehmen ohne uns selber zu verurteilen und können Mitgefühl empfinden, anstatt zu verurteilen und werden frei dadurch. Freiheit heißt, die Kontrolle über unser Leben selbst in den Händen zu halten.

Die folgenden Kapitel wurden dem Buch **»Challenge for Discipleship«** von Torkom Saraydarian entnommen. Die Herausgeber wählten diese Kapitel in dem festen Glauben, dass sie einen Weg offenbaren, der zum Glück und in die Freiheit führt.

Das »Teaching« oder die »Zeitlose Weisheitslehre« basiert auf höheren Lebensprinzipien und es sind eben diese Prinzipien, die es uns ermöglichen manche Hindernisse in unserem Leben aus dem Weg zu räumen.

Torkom Saraydarian machte es zu seinem Lebenswerk, das »Teaching« allgemein für diejenigen zugänglich zu gestalten, die auf der Suche nach der Wahrheit sind und das Bedürfnis haben, aus dem Dunkel ins Licht geführt zu werden.

Obwohl sich die Herausgeber bei der Verdichtung der Texte große Mühe gaben die Originale unverändert wiederzugeben, so war es doch von Nutzen einige Stellen zu ändern.

Die spezifischen Begriffe, die sich an die Tradition der »Zeitlosen Weisheitslehre« anlehnen, werden in einem Glossar am Ende dieses Büchleins erläutert. »FIRST STEPS TOWARD FREEDOM« wird präsentiert mit der Billigung und Genehmigung von Torkom Saraydarian – es ist ihm gewidmet als ein Geschenk der Dankbarkeit.

Die Herausgeber

DAS EGO

Das Ego ist die sich entfaltende menschliche Seele. Es ist die Einheit des Bewusstseins und der Träger oder Teil des Trägers mit dem die Seele sich identifiziert. Dort wo die Identität angesiedelt ist, wird eine »Kommandozentrale« errichtet und von hier aus dirigiert das Ego die restlichen Mechanismen des Menschen.

Wenn die Seele sich beispielsweise mit dem physischen Körper identifiziert, ist es wie mit Wasser in einem Schwamm. Die Seele handelt als wäre sie der Körper, sie ist der Schwamm und handelt auch so. Wenn die Seele sich mit dem Emotionalkörper identifiziert, handelt sie so als wäre sie die Emotion. Wenn die Seele sich mit dem Mentalkörper identifiziert, handelt sie so als wäre sie der Verstand und die Gedanken. Auf diese Weise entwickelt die Seele ein physisches Ego, ein astral- oder emotionales Ego und ein mentales Ego.

Diese Arten der Identifikationen werden als »in Fallen tappen« bezeichnet. Der Mensch verfällt in einen Prozess der Identifikation, wenn die menschliche Seele die Verfügungsgewalt einbüßt. In einem fortgeschrittenen Stadium der Identifikation verstärkt die Seele die Neigungen und Zwänge des physischen Körpers und die Seele kreiert dann Verblendungen, Verlangen, Illusionen und Eitelkeiten innerhalb des Mentalkörpers.

Nachdem die Seele diese Verblendungen, Verlangen, Illusionen und Eitelkeiten kreiert hat, identifiziert sie sich mit ihrem Produkt und sie wird de facto zu einem Verlangen, einem Zwang, einer Gewohnheit, zu einer Verblendung, zu einer Illusion, zu Eitelkeit etc.. Sie sagt beispielsweise: »Ich will essen! Ich will diese Person sehen!… « und verliert dadurch ihre eigentliche Identität. Die Seele wird so zur eigenen Verblendung. Sie identifiziert sich mit den Objekten ihres Verlangens; sie identifiziert sich mit ihren Motiven, mit ihren eigenen Illusionen oder mit einer verfälschten Auffassungsgabe für das, was Fakt oder Realität ist.

Es ist seltsam aber wahr, dass Menschen zu Geld werden können, sie verwandeln sich in ihre Autos, in ihre Besitztümer, in ihre Position und in ihr Wissen. Wenn man solchen Menschen diese Sachen wegnimmt, wird das Ego wahnsinnig und der Mensch »stirbt« – denn man nahm ihm das, was er für sein Selbst hielt.

Viele Menschen identifizieren sich auch mit post-hypnotischen Eingebungen, die ihnen verschiedentlich eingeflüstert wurden und sie leben so, als seien sie diese Suggestionen. Wenn man sich mit etwas identifiziert, was man nicht ist, dann baut man ein Ego auf. Das Ego ist daher die Quelle aller unserer Verblendungen und Verlangen, es ist die Quelle aller unserer Illusionen, Eitelkeiten und egozentrischen Tätigkeiten.

Es kann auch geschehen, dass die menschliche Seele sich mit einem bestimmten Zwang des physischen Körpers identifiziert und dadurch Gewohnheiten kreiert. Die Seele kann sich auch mit Ideologien und Glauben identifizieren und entwickelt

Fantasien, oder es kann durch die Identifikation mit bestimmten Informationen, Wissen oder Weisheiten zur Entwicklung von Eitelkeit und Hochmut kommen.

Durch die Prozesse dieser Identifikationen verliert die menschliche Seele ihre Unabhängigkeit. Sie verliert ihre reine Urteilskraft und Vernunft und missbraucht ihr Licht, ihre Liebe und Kraft, um individuellen Interessen ihres Körpers nachzugehen. *Das Ego ist eine geblendete und gelähmte Seele oder ein mit wunderlichen Abbildern verdecktes Licht, das durch die Zeiten hindurch getragen wird von den Vehikeln des Menschen.*

Wenn die Seele sich in ein Ego verwandelt, verliert sie ihre Macht selbstständig zu beobachten, Werte zu beurteilen und zu handeln. Die Seele unterwirft sich dann den Zwängen und Verlangen des Körpers und der Vererbungen, die dieser trägt. Das geschieht jedoch nicht nur im Falle von genetischer Vererbung, sondern auch bei Schwankungen, die dem Erbgut durch die mentalen, emotionalen und physischen Gegebenheiten aufgeprägt werden.

Sobald die Seele zu einem Körper geworden ist, wird es für sie sehr schwierig sein, sich von der Überzeugung loszulösen, dass sie eben nicht der Körper ist. Ein solches Ego handelt unter allen Umständen wie ein Körper und setzt Politik, Religion, Philosophie, Künste, Wissenschaft, Traditionen und Volkswirtschaft auf eine Art um, die übereinstimmt mit den Bedingungen der eigenen physischen Existenz. Die Seele betet dann nur noch für die physische Existenz und für physische Interessen.

Wenn die Seele sich mit ihrer e*motionalen Natur* identifiziert, werden ihre Emotionen sehr heftig und sehr mächtig. Auf dieser Ebene wird all das, was existiert, von einem Standpunkt betrachtet, der mit den emotionalen Vergnügungen übereinstimmt.

Wenn die Seele sich mit ihrem *Mentalkörper* identifiziert, dann verwandelt sie sich in Wissen, Daten und Informationen. So wie ihr Wissen sich verändert, verschwindet oder schwankt, so verändert sich auch ihr jeweiliger Zustand. Wenn die Seele etwas Besonderes mit ihren Kenntnissen bewirken kann, entwickelt sie intensive Formen der Eitelkeit und fordert sogar Gott oder die Gesetze der Natur heraus.

Die Seele führt allmählich und gleichzeitig die Identifikation mit ihren drei Wesen aus und glaubt nun, die Persönlichkeit oder die Summe ihres physischen, emotionalen und des Mentalkörpers zu sein. Nun hat man eine mächtige blinde Kraft, die nur um ihre Existenz zu erhalten, fast alles was das Ego bedroht, zerstören kann.

Identifikation führt zu Separatismus – Identifikation trennt den Menschen vom Ganzen und entwickelt – bildlich gesprochen – einen Tumor, der wiederum versucht seine Existenz auf Kosten des ganzen Körpers aufrechtzuerhalten. Auf diese Weise entstehen Neros oder Hitlers oder auch alle, die durch das Ego geblendet wurden und dadurch Städte und Zivilisationen zerstörten, nur um das Ego – ihren psychologischen Tumor – zu nähren.

Das Ego ist eine ansteckende Krankheit. Es überträgt sich von einer Person auf seine Familie und es verwandelt sich dann in ein Familienego, das zehnmal gefährlicher ist als ein individuelles Ego. Es überträgt sich von einer Familie auf eine Gruppe oder eine

Nation und kreiert einen nationalen Überlegenheitskomplex und ist wiederum millionenfach gefährlicher als ein individuelles Ego. Es ist bekannt, dass zu der Zeit als die Nationen anfingen ihre aufgeblähten Egos zu entwickeln, die lemurische und die atlantische Katastrophe begannen. Sollte sich die Bildung der Nationalegos weiter fortsetzen, wird diesem Planet eine ähnliche oder schlimmere Zerstörung widerfahren, denn die Natur ist unser Körper und wir sind wie Zellen und Organe der Natur. Die Seele der Natur toleriert keine Tumore die sich so entwickeln, dass das Gleichgewicht des Planeten bedroht wird, und daher wird sie störende Elemente entfernen.

Wie können wir erkennen, ob wir ein Ego entwickelt haben?

1. Wenn wir merken, dass wir uns sehr stark mit unserem physischen Drang, unseren Trieben, unseren Vergnügungen, unserem Wissen, unserem Glauben, unserer Religion und unseren Traditionen identifizieren, dann hören diese auf, eine Hilfe zu sein und werden zu unseren Zielen. Als Beispiel kann man anführen, dass »die Religionen mancher Menschen ein Ziel sind und nicht eine Hilfe, um eine lebendige Vorstellung von Gott zu bekommen«. Sobald Hilfe sich in ein Ziel verwandelt hat, entwickelt das Ego Macht – Macht mit äußerst destruktiven Auswirkungen.

2. Wir sprechen, handeln, denken und fühlen trennend - so wie ein abgekapselter Tumor, der sich dennoch von den Ressourcen des Körpers ernährt.

3. Wir werden selbstsüchtig. Wir interessieren uns nur noch für unser persönliches Vergnügen, unser persönliches Wohlergehen, unseren Zugewinn, unsere Überlegenheit gegenüber anderen und unseren gesellschaftlichen Stellenwert und all das auf Kosten der anderen.

4. Wir fangen an, andere Menschen, Ereignisse, Gedanken und Umstände zu unseren eigenen Gunsten zu manipulieren.

5. Wir wollen, wo immer wir sind, eine Zentralfigur sein. Wir üben Druck aus und führen uns auf eine Art auf, die Aufmerksamkeit auf uns lenkt. Wir drängen uns immer in den Mittelpunkt.

6. Wir wollen beherrschen und kommandieren, obwohl wir weder die Autorität noch die Qualifikationen dazu haben.

7. Wir schließen die Augen vor den Werten der Anderen. Wir werden durch die Werte der anderen gereizt oder sie verursachen uns Unbehagen.

8. Wir entwickeln einen hohen Grad an Eitelkeit. Wir meinen, dass wir fähig sind, alles zu tun, dass wir alles haben, dass wir alles wissen und dass wir alles sind. Selbstverständlich fängt all dies ganz allmählich an und endet im Wahnsinn, aber in dem Aufbauprozess unserer Krankheit verwandeln wir uns in Instrumente des Schmerzes, des Leids und der Vernichtung – für andere und uns selbst.

9. Wir werden sehr aggressiv und bösartig, sollte uns jemand gewollt oder ungewollt verletzen.

10. Wir genießen es, andere zu demütigen und zu erniedrigen, denn das Ego nährt sich von den Elementen die produziert werden, wenn ein anderer gedemütigt wird.

11. Wir entwickeln einen Sinn für trügerische Sicherheit, indem wir uns die Freiheit nehmen, uns außerhalb unseres Territoriums zu bewegen und anderen gegenüber beleidigend zu sein.

12. Unser Verhalten, unsere Taten, Worte, Gedanken und Ausdrucksweisen sind voller Eitelkeit.

13. Wir berücksichtigen nicht den Einfluss, den wir auf andere ausüben. Es kümmert uns nicht, dass wir die Gefühle anderer verletzen oder sie daran hindern, sich weiter zu entwickeln.

14. Wir glauben, dass wir auserwählt sind, dass wir etwas Besonderes sind und schauen auf andere herab.

Wenn wir diese Zeichen wahrnehmen, dann ist es höchste Zeit, unser Boot von den Klippen weg zu steuern.

Wie sich ein Ego entwickelt

1. Während der Zeit, in der man noch als Embryo lebt, kann man fehlgeleitet werden durch unschuldige Äußerungen von Mutter oder Vater. Würden die Eltern zum Beispiel sagen:»Mein Sohn wird ein großer Führer werden, ein großartiger Arzt, ein großartiger Künstler, ein Michelangelo, ein Beethoven, ein Messias... ,« so setzen sie damit posthypnotische Eingebungen und Verblendungen in den Geist des Embryos.

Der Embryo wird mit Visionen aufgeplustert, für die er nicht bereit ist, aber er identifiziert sich damit und entwickelt ein Ego. Wenn es geboren wird, benimmt er sich seltsam; es passt nicht in seine häusliche Umgebung und es wird später im Leben, in der Schule und in der Gesellschaft über sein normales Tempo hinaus von diesen Visionen gesteuert.

Das Aufbauen eines Egos setzt sich fort, wenn die Eltern das Kind als General, Richter, Doktor oder als König »verkleiden«. Das Kind wird versuchen, den Vorstellungen gerecht zu werden und entwickelt somit sein Ego. Es baut also faktisch eine falsche Persönlichkeit auf – und zwar eine, für die es nicht geboren wurde. Das Kind hat sich mit den Wünschen seiner Eltern identifiziert.

Natürlich ist es nicht verwerflich zu wünschen, dass aus den eigenen Kindern herausragende Persönlichkeiten werden. Aber wenn man dem Kind etwas aufdrückt, was es unmöglich sein kann, wird es dazu gezwungen ein Ego aufzubauen und es wird später zur Ursache seines Leids, seines Schmerzes und aller schrecklichen Enttäuschungen. Ein solches Kind wird bis zu seinem Tod sagen: »Es war mir nicht möglich, das zu sein, was ‚Ich' sein wollte!« Das Ego ist also das, was man nicht ist und man identifiziert sich mit einer falschen Vorstellung.

2. Wir bauen unser Ego auf, wenn andere uns schmeicheln und gleichzeitig bauen wir Egos in anderen auf, wenn wir ihnen schmeicheln in dem wir z.B. sagen: »Du hast fantastisch getanzt, deine Stimme – einfach wundervoll, dein Kleid, deine Haare, deine Augen, deine kreativen Künste – einfach Spitze!« Wir vermitteln diesen Personen, dass sie wirklich das sind, was wir sagen und sie glauben es auch. Wenn diese Personen dann nicht die gleiche Aufmerksamkeit oder Schmeicheleien von anderen bekommen, hassen sie diese. Sie werden ausgerechnet die Menschen hassen, die ihnen die Wahrheit über sich selbst vermitteln.

Die »Zeitlosen Weisheitslehren« verbieten Schmeicheleien, denn sie führen dazu, dass man ein Ego und eine falsche Persönlichkeit aufbaut.

Menschen werden auch dadurch geschmeichelt, dass man sie nach berühmten Persönlichkeiten benennt.

Schmeichelei ist gekoppelt mit verschiedenen Formen der Bestechlichkeit. Bestechliche Personen bauen Egos auf, denn man vermittelt ihnen, dass sie unentbehrlich sind und in gewisser Weise üben sie Kontrolle über einen aus. Dadurch behindert man sich selbst, die eigene Arbeit mit Erfolg zu verrichten und man wird zu einem Hindernis für andere, die ernsthaft danach streben, ihre Arbeit erfolgreich auszuführen.

3. Man entwickelt ein Ego, wenn man eine Position bekleidet, für die man sich weder verdient gemacht noch qualifiziert hat. Einige Beispiele wären ein Richter zu sein ohne einen wahren Sinn für Gerechtigkeit zu haben, oder Prediger zu werden ohne die Veranlagung, sich an das zu halten was man predigt oder ein Polizist zu werden, der, anstatt Menschen zu helfen, diese ausraubt und ihnen Verletzungen zufügt.

Das Ego entwickelt sich, wenn man eine Position bekleidet, für die man sich nicht verdient gemacht hat. Man wird eingebildet – und um das moralische Vakuum auszufüllen, wächst die Eitelkeit unverhältnismäßig. Aber das Schlimmste kommt erst später, denn man glaubt, die richtige Person für diese Position zu sein und aus diesem Glauben heraus verhindert man, dass jemand, der für diese Position geschaffen ist, sie auch bekommt. Man schmiedet Intrigen, um Kritik durch andere zu verhindern oder sie daran zu hindern, einen aus dieser Position zu verdrängen. Um die Position aufrechtzuerhalten, wendet man Methoden an wie Bestechung, Schmeichelei und alle möglichen Mittel – bis hin zu kriminellen Handlungen.

4. Wenn man ständig Beleidigungen ausgesetzt ist, wenn man ständig entwürdigt, mit Drohungen konfrontiert oder erniedrigt wird, entwickelt sich in einem ein Ego als Schutzmechanismus. Eigentlich entwickelt sich dann das Ego als Schutz, wenn der Körper, die Position oder die Ideen bedroht werden, mit denen man sich identifiziert. Immer wenn die Ideen angegriffen werden, glaubt man, dass man selbst attackiert wird. Wenn jemand an den Umgangsformen, der Ausdrucksweise oder den Gefühlen Missfallen findet, glaubt man selbst angegriffen zu werden. Wenn jemand schlecht über den physischen Körper redet, missfällt es einem, denn man glaubt, dass man selbst attackiert wird. Und somit handelt man wie jemand, der man gar nicht ist, nämlich wie eine gewalttätige Person.

Verteidigung ist eine Form der Identifikation mit dem Teil, der attackiert wird. Deshalb haben Menschen, die ständig bedroht oder angegriffen werden, sehr sensible und schmerzende Egos.

5. Wenn man von »Sklaven« und »Schafen« umgeben ist, dann entwickelt man ein Ego. Das »Schaf« und der »Sklave« erwecken in dem »Führer«/Lehrer das Gefühl ein »Avatar« oder ein Meister zu sein und er nimmt sich die Macht, sie wie Sklaven zu behandeln. Unterwürfigkeit ist Nahrung für das Ego und verzerrt die Moral der anderen.

Die größte Aufgabe eines »Führers«/Lehrers ist es, sich selbst sehr sorgfältig zu beobachten, damit er kein Ego entwickelt. Sollte das der Fall sein, wäre das sein Untergang. Die erfolgreichsten Lehrer, die sowohl das Vertrauen der Menschen und das der höheren Welten erwecken, sind diejenigen, die es verhindern können, dass sich ein Ego in ihnen formiert. *Ein nicht existentes Ego ist das, was einen Lehrer auf dem Pfad der aufopfernden Dienste hält.*

Manche ehrwürdigen, heiligen Bruderschaften haben viele Übungen entwickelt, die Demut lehren und manch einer betrachtet Demut in einem Menschen als größtes Anzeichen eines zukünftigen Lehrers.

6. Das Ego ist eine Ansammlung aller Erlebnisse, in denen man siegreich über andere gewesen ist. Jedes Mal wenn man jemanden besiegt, entwickelt sich in einem ein Ego der Überlegenheit. Eine Aufgabe, die einer meiner Lehrer uns gab, war ein

Spiel zu spielen und nicht zu gewinnen, sondern darauf zu achten, ob sich ein Ego formierte. Er sagte, dass Sieg oder Niederlage unwichtig seien. Wichtig sei, wie das Spiel gespielt wird. Ich spielte einmal mit ihm Schach und er verlor das Spiel, um meine Reaktionen darauf zu beobachten und zu sehen, ob ich es zuließ, dass ein Ego sich aufbaut.

Das Ego ist eine Umkehr auf dem Weg des Fortschritts. Wenn man durch verschiedene Siege, die man errungen hat, ein Ego aufbaut, wird eine mögliche Niederlage zu einer sehr schmerzhaften Angelegenheit, denn das Ego ist wie ein Blutegel, der sich festgesaugt hat und nicht mehr loslassen kann.

Betrachte jede Errungenschaft als einen Krisenmoment, denn nur in den großen Errungenschaften erkennt man ganz klar die eigenen Schwächen und die Kräfte, die man einsetzen muss, um die Gipfel, deren Existenz dir noch unbekannt sind, zu erreichen. Ein wahrer Sieger ist derjenige, der seine eigenen Niederlagen in den besiegten Gefährten erkennt.

7. In ständiger Angst zu leben, erzeugt ein Ego und durch Angst identifiziert man sich mit den Teilen seines Selbst, die angegriffen werden. Je größer die Angst ist, desto größer ist die Identifikation. Durch Angst verliert man seine wahre Identität und man identifiziert sich mit dem *Nicht-Selbst,* oder mit einem Teil des physischen Körpers. In einem Zustand der Angst handelt man nicht mehr als Seele, sondern als ein Teil des Körpers oder als ein nur rein mechanischer Aspekt seines Wesens.

Angst in der Politik, Angst in der Religion, Angst in jeder Ideologie erzeugt Ego und schließlich eine kranke Gesellschaft.

8. Ego wird erzeugt, wenn man sich mit fremden Federn schmückt. »Eine Krähe betrachtete sich im Spiegel und fand sich selber nicht besonders schön. Sie dachte nun, dass sie sich verschönern könnte, wenn sie sich mit den Federn eines Pfaues schmücken würde und steckte die Pfauenfedern zwischen ihre eigenen. Sie war nun sehr auffallend und ging in den Wald, um über ihre Schönheit zu prahlen.

Es kamen viele Vögel um ihre scheinbare Transformation zu betrachten, und sie waren sehr erstaunt über ihre Verwandlung. Es war ihr Pech, dass in dem Moment eine Windböe aufkam und ihr die Federn wegpustete.«

In den Weisheitslehren werden Anmaßungen als große moralische Behinderungen betrachtet und man sollte nur als das auftreten, was man wirklich ist. Denn nur durch eine innere Veränderung entsteht eine äußere Veränderung. Wenn die Menschen nur am Äußeren arbeiten und das Innere vernachlässigen, erzeugen sie Ego. *Ego wird durch falsche Werte aufgebaut.*

9. Wenn man falsche Behauptungen aufstellt, entwickelt man Ego. Falsche Behauptungen aufzustellen ist ein Prozess, durch den man eine falsche Persönlichkeit aufbaut und es kommt die Zeit, in der man sich mit dieser Persönlichkeit identifiziert. Jetzt ist das Stadium erreicht, in dem man sich selbst täuscht und die Konstruktion eines Egos vervollständigt. Ab diesem Zeitpunkt agiert man als sein Ego und die eigene Realität geht verloren.

10. Diejenigen, die sich mit ihren Besitztümern, Reichtümern und mit Luxus identifizieren, werden selten den Weg in die innere Schatzkiste finden.* In Luxus zu leben und sich damit zu identifizieren, sowie der Glaube, dass man den gleichen Reichtum in seinem Wesen oder Kern hat heißt, dass man Ego entwickelt. Wenn nun die Luxusgüter von einem entfernt werden, ist man nicht in der Lage, sich selbst zu ernähren. In den »Zeitlosen Weisheitslehren« steht geschrieben, dass Luxus ein Sarg für die Seele ist.

11. Die Werbung und manipulierende Techniken, die eingesetzt werden, um den Menschen das Geld aus der Tasche zu ziehen oder Wählerstimmen zu ergattern, entwickeln ebenfalls ein Ego in uns. Um eine Person auszunutzen, bauen andere in dieser zuerst ein Ego auf. Dann appellieren sie an das Ego, um Unterstützung für ihre Geschäfte oder für eine Wählerstimme zu bekommen. Sobald ein Ego in einem aufgebaut wurde, ist es sehr einfach, durch den Anderen manipuliert zu werden.
Diese Methoden werden sehr oft in der Politik angewandt. Auch in der Geschäftswelt werden fast immer Manipulationen angewandt, die zur Erzeugung eines Egos führen. Somit entwickeln wir falsche Werte und Normen und werden weggeführt von unserem wirklichen Selbst. Das Ego ist nicht nur für den Einzelnen gefährlich, sondern birgt auch größere Gefahr für die Regierenden, da es nicht stabil ist und sich in alle Richtungen bewegen kann, die sein Interesse wecken. Ein wirklich erfolgreicher Geschäftsmann ist derjenige, der versucht niemals einen Menschen einzustellen, der durch sein Ego beherrscht wird und sich nicht mit solchen Menschen geschäftlich einlässt.

12. Ego wird erzeugt, wenn man von ignoranten und durchschnittlichen Menschen umgeben ist. Man bewertet sich, indem man sich mit anderen vergleicht – besser jedoch wäre die Orientierung an den eigenen Visionen.

---

* siehe »The Spring of Prosperity« von Torkom Saraydarian

Welches sind die Charakteristiken eines Egos?

Wenn die Seele die Herrschaft über ein Individuum verliert, verstärken sich dessen Verblendungen und Wünsche und die unten aufgeführten schlummernden Charakteristiken treten zutage:

1. *Ein Ego verlangt nach Dingen oder Sachen, versucht anderen seinen Willen aufzudrängen oder erzwingt Dinge.* Eine Seele ist niemals aufdringlich, obwohl sie durch Beispiele und durch Schönheit wachruft und herausfordert. Ein Ego setzt sich durch, um eine Position zu erhaschen und um Menschen auszunützen.

2. *Ein Ego ist selbstsüchtig.* Eine Seele teilt, ein Ego arbeitet lediglich für sich selbst. Selbst dann, wenn es den Anschein hat, dass es mit anderen teilt, ist sein Motiv selbstsüchtig. Alle seine Handlungen werden durch Eigennutz gesteuert.

3. *Ein Ego ist überempfindlich.* Es fühlt sich verletzt. Alles, was sich gegen das Ego richtet, bereitet ihm Verletzung. Menschen mit einem Ego schlafen nicht tief und fest, sind voller Angst und leicht reizbar.

4. *Ein Ego versucht Befehle zu geben, obwohl es sich nicht in einer befehlsgebenden Position befindet.* In Gruppen, Kirchen oder sozialen Organisationen sind es immer die Egos, die ihre Nasen in die Angelegenheiten anderer stecken – selbstverständlich immer mit Rechtfertigungen. Egos geben Befehle und nähren sich von der Aufmerksamkeit die sie erzeugen.

5. *Ein Ego betrachtet sich selbst als sehr wichtig.* Egos glauben, dass sie von anderen beobachtet oder verfolgt werden. Ein Ego versucht sich als wichtig darzustellen, damit es andere nähren.

6. *Ein Ego will gelobt werden.* Das ist eine Krankheit die fortdauern kann, denn das Ego wird ständig nach Lob verlangen und erwartet gelobt zu werden. Wenn es nicht gelobt wird, versucht es durch Methoden, die andere verletzen, sein Missfallen auszudrücken. Wenn man ein Ego lobt, muss man ständig die »Dosis« erhöhen, um vor ihm sicher zu sein. Diejenigen, die permanent nach Lob verlangen, erzeugen letztendlich Hassgefühle in einem, die sich dann gegen sie selbst richten.
Ein Weiser sagte einmal: »Ein Ego ist wie ein Fass ohne Boden!« Man kann ein solches Fass niemals füllen, und man sollte vorsichtig sein mit dem Versuch dies zu tun. Wahre Freunde schmeicheln einem nicht – sie erlauben einem sich so zu sehen, wie man ist.

7. *Ein Ego glaubt, dass alles schief gehen wird, wenn es an einer Sache nicht beteiligt ist oder wenn es nicht zugegen ist.*

8. *Ein Ego versucht die Menschen zu manipulieren und auszunutzen.*

9. Ein Ego ist ein Materialist, es ist gierig und hasserfüllt, selbst wenn es lächelt und sogar in dem, was es anzubieten hat.

10. *Ein Ego verzeiht niemals.*

11. *Ein Ego genießt es anzugeben.*

12. *Ein Ego versucht die Fehler der anderen zu finden und hervorzuheben, um sein eigenes Selbstwertgefühl zu steigern.*

Sobald das Ego gereinigt wird, beginnt das Gewissen deutlicher und klarer zu funktionieren. Deine Handlungen werden aufrichtig. Deine Worte vermitteln Deutlichkeit. Deine Motive werden rein und gerecht. Du wirst schön. Alles Künstliche fällt von dir ab. Deine Gesundheit verbessert sich – denn ein Ego handelt wie ein Geschwür in deinem feinstofflichen Körper.

Warum wir unser Ego reinigen müssen?

1. Das Ego macht es uns unmöglich unser wahres, echtes Selbst zu sein. Es macht das Arbeiten an einer Selbstverbesserung und einer inneren Entfaltung unmöglich.

2. Das Ego verhindert aufrechte, zwischenmenschliche Beziehungen, Einheit und globalen Frieden.

3. Wenn du ein Ego kreierst, wirst du mit einer Maske durch die Jahrtausende reisen und es wird dir nicht gelingen sie zu entfernen; es sei denn, jemand anderes vernichtet die Maske für dich – das aber kann nur geschehen, wenn du an der Vernichtung beteiligt bist.

4. Ein Ego ist die Ursache von vielen psychischen Krankheiten.

5. Ein Ego zu haben ist so, als ob du eine Hülle um dich aufgebaut hast und dein wahres Selbst darin begraben hast.

6. Falsche Werte und Normen erlauben es dir nicht, ein höheres Bewusstsein zu erlangen und machen es dir unmöglich mit den höheren Welten in Kontakt zu treten.

7. Ein Ego ist ein psychischer Tumor und kann sich als realer Tumor in deinem physischen Körper manifestieren oder als eine kriminelle, geheime Organisation in der Gesellschaft.

8. Große Bauwerke können nicht auf einem Ego errichtet werden. Alles was du auf einem Ego aufbaust, ist zum Verderben bestimmt.

9. Ein Ego ist die Ursache für Schmerzen, die anderen zugefügt werden, und es kann eine Quelle der Selbstpeinigung sein.

10. Ein Ego verhindert klare Kommunikation zwischen den Menschen, und es verzerrt die Realität und die Fakten.

Wie man ein Ego reinigen kann?

1. Entwickle eine klare Beobachtungsgabe. Beobachte dich täglich selbst – physisch, emotional und mental. Beobachte dich selbst bei der Arbeit, deinen Beweggründen, deiner Stellung, deinen Beziehungen zu anderen, deinen Gewohnheiten, deinen Lügen, deinen Reizbarkeiten und deinen Träumen. Durch Beobachtung wird es möglich, sich von Identifikationen zu befreien.

2. Bewege dich in der Gesellschaft derer, die mehr Wissen haben als du selbst, Menschen die mehr können, die erfolgreicher, weiser, kreativer und fähiger sind.

3. Siehe die Wahrheit über deine Person in den Ansichten der anderen.

4. Lerne Demut. Dies kann auf folgende, verschiedene Arten getan werden:
   a. Beichte deine Lügen, deine Beweggründe, deine Handlungen und deine Gedanken einer Person, die du liebst und zu der du Vertrauen hast.
   b. Führe einen Dialog mit denen, die verschiedene Schwächen in dir erkennen.
   c. Finde heraus, warum die Menschen dich hassen, dich kritisieren oder dich nicht mögen.

5. Diene denen, die dir untergeordnet sind, den Kranken und den Armen.

6. Entwickle Gleichmut und Unparteilichkeit. Dies ist keine leichte Aufgabe. Sei gleichgültig gegenüber Lob und Schmeicheleien, neutral gegenüber sich bekämpfender Egos, sei gleichgültig gegenüber den Handlungen der Egos, die versuchen deine Aufmerksamkeit auf sich zu ziehen.

7. Bitte diejenigen, die du verletzt hast um Verzeihung.

8. Sei aufrichtig zu dir selbst und zu den anderen.

9. Bedenke, dass alles was du besitzt, auch allen anderen gehört. Alles was du bist, kommt von dem einen Selbst. Das Gute, das du tust, kommt aus der Quelle der Güte. Alles Schöne kommt von dem einen Selbst und alles was du erreicht hast, sind die Anfänge für eine lange Reise.

10. Lass dich von einem wahren Lehrer begleiten, der dich in regelmäßigen Abständen darauf aufmerksam macht, wenn sich Zeichen eines Egos in dir bemerkbar machen.

11. Ziehe dich in regelmäßigen Abständen zurück, um dich erneut zu prüfen.
12. Kritisiere niemals den Anderen aus Eigennutz oder falschen Beweggründen.
13. Übe dich in Gleichmut.*
14. Entwickle tiefe Dankbarkeit.

Ein großer Künstler pflegte die Gewohnheit früh morgens aufzustehen und einen Sarg, den er für sich selbst gefertigt hatte, zu betrachten, um dadurch Demut zu üben. Ein reicher Mann bewahrte ein Skelett in seinen privaten Räumen auf, und immer wenn er einen Anflug von Eitelkeit oder Ego spürte, ging er dorthin, um das Skelett zu betrachten.

Eine sehr reiche Frau pflegte die Gewohnheit sich zu verkleiden und ging dann in Krankenhäuser, um dort die schmutzige Wäsche zu waschen.

Ein König verkleidete sich als Bettler, mischte sich in der Stadt unter das Volk, um sich die Beschwerden der Leute über sich und deren Kritik anzuhören und um ihre Leidenswege und Lebenskämpfe anzuschauen.

Ein Richter pflegte die Gewohnheit zweimal im Jahr ein Fest für mittellose Menschen in seiner Stadt zu veranstalten. Er selbst bediente die Menschen und erledigte später den Abwasch.

---

* lese dazu »The Science of becoming Oneself" Kapitel VII, von Torkom Saraydarian

Ein fortgeschrittener Jünger ging regelmäßig zu seinem spirituellen Lehrer, um alles zu offenbaren, was er an sich selbst hasste.

In den wahren Schulen der Esoterik und der spirituellen Disziplinen versuchen die Lehrer dein Ego zu zerschmettern, um dich in die Lage zu versetzen, dich selbst so zu sehen, wie du zu irgendeinem gegebenen Zeitpunkt bist. Sie loben dich nicht, aber sie lehren dir das Streben. Immer wenn sie in dir Zeichen von Eitelkeit, Angeberei, Respektlosigkeit anderen gegenüber beobachten, wissen sie, dass du ein Ego entwickelst. Sie versuchen dir Bescheidenheit beizubringen, damit du auf deine eigene Ebene herunterkommen kannst.

Wenn ein Ego sich mit Visionen, Träumen und großen Ideen identifiziert, glaubt es, diese Visionen schon verwirklicht zu haben. Aber es verwirklicht sie nicht real oder lebt sie nicht und wie ein Betrunkener glaubt es, dass es den Gipfel seiner Evolution erreicht hat.

Auf dem Pfad der Religionen ist das Ego am stärksten ausgebaut. Die Menschen lesen über großartige Ideen, Visionen, das Leben von Helden und sammeln all diese Informationen, so wie sie Geld einsammeln würden, ohne den Versuch zu machen, es zu verstehen oder in ihrem Leben zu verwirklichen. Informationen, die auf diese Weise zusammen getragen wurden, werden zur Quelle ihres Egos und bringen sie zum Stillstand. Denn ihr spirituelles Wachstum, basiert nicht auf Information und Theologie, sondern auf dem Prozess der Transformation ihrer Natur. Es ist solch ein Ego, das schließlich das Herz vernichtet und aus einem Menschen eine Maschine macht, die andere mit der Begründung attackiert, sie seien minderwertige Wesen und nicht auf dem gleichen Pfad wie das Ego.

Wissenschaftler der Zukunft werden Wege finden, um den stärksten Feind der Weiterentwicklung der Menschheit und die Quelle der schrecklichsten Krankheiten – das Ego – zu eliminieren.

VERBLENDUNGEN

Verblendungen formen sich durch unsere Wünsche. Sie üben große Macht über unsere Emotionen, Gedanken, Handlungen und Beziehungen aus. Die Angst ist eines der größten Elemente, das uns dazu zwingt Verblendungen zu erschaffen, denn sie macht uns allmählich zum Sklaven dessen, wovor wir Angst haben. Mit wahrer Furchtlosigkeit kreieren wir keine übernatürlichen Methoden, um uns zu beschützen. Eine Verblendung ist eine künstliche Gestaltung, die auf einem der folgenden Punkte basiert:

dem Wunsch zu besitzen
dem Wunsch nach Wissen
dem Wunsch etwas darzustellen

Wenn wir uns davor fürchten zu lieben, unwissend zu sein oder zu versagen, dann kreieren wir Verblendungen, weil wir dadurch die Angst ersetzen.

Es gibt viele Gründe, warum wir uns von Verblendungen befreien sollten

1. *Verblendungen untergraben die seelische Energie,* damit sie existieren und wirken können. Sie untergraben die in deiner Aura zirkulierende seelische Energie. Sie verzehren die seelischen Energien, die sich in den entsprechenden Zentren befinden und betreiben Raubbau an den Organen, die damit in Verbindung stehen. Der Raubbau an den seelischen Energien führt schließlich zur physischen, moralischen, mentalen und spirituellen Degeneration.

2. *Verblendungen kreieren Störungen in unserer mentalen Sphäre,* da der Verstand nicht immer im Einklang ist mit den Wünschen und dem Verlangen der Verblendungen. Sollte dies doch der Fall sein, wird die Verblendung in die mentale Ebene hereingeführt und der Verstand unterwirft sich, obwohl er von der Logik her überzeugt ist, dass dies nicht richtig ist.

3. *Verblendungen öffnen die Aura für Wesenheiten* – Wesenheiten, die noch einmal die weltlichen Freuden und negativen Gefühle wie Gier, Rache, Machtgelüste und Gefühle der Überlegenheit erleben möchten. Wenn die Wesenheiten deine Verblendungen benutzen, dringen sie entweder in deine Aura ein oder sie bedienen sich deiner Verblendungen, um ihr Verlangen zu befriedigen. In Wirklichkeit riechen deine Verblendungen sehr streng und der Geruch zieht die Wesenheiten an.

4. *Verblendungen verursachen Störungen in deinen Beziehungen.* Verblendungen entstehen aus Wünschen und Verlangen. Sie üben ungeachtet der Gesetze, Konditionen oder Regeln rücksichtslos große Macht aus, um ein Objekt deiner Begierde zu erlangen. Somit wirken die Verblendungen durch dich, um ihre Ziele zu erreichen. Nicht immer geben die Menschen bei solch aggressivem Verlangen nach, und sie wehren sich. Menschen können nicht immer unter Druck gesetzt oder unterworfen werden.

Aggressivität ist eine aktive Manifestation einer Verblendung. Eine weitere aktive Manifestation ist der Konkurrenzkampf, denn er basiert auf niederem Eigeninteresse, das uns von den Anderen trennt und daran hindert, zum Wohl der Allgemeinheit beizutragen. Ohne Verblendungen vermag der Mensch sein Hab und Gut zu teilen und zu kooperieren.

5. *Verblendungen manifestieren sich schließlich als Krankheiten* – denn sie plündern unsere psychischen Energien. Wenn man die Hauptverblendungen eines Menschen erkannt hat, kann man klar ermessen, in welchen Bereichen sich die Krankheiten manifestieren werden. In manchen Fällen, in denen Verblendungen sich als Krankheitsform ausgewirkt haben, wirkt es befreiend, denn Krankheiten geben uns oftmals die Möglichkeit, uns auf den richtigen Pfad zu bringen.

6. *Verblendungen behindern unsere Evolution,* da sie die Erweiterung des Bewusstseins verhindern. Sie üben solch starken Einfluss auf den Verstand aus, dass 90 Prozent des Verstandes damit beschäftigt sind, deren Anforderungen zu genügen. Suchtkranke sind gute Beispiele dafür. Bewusstseinserweiterung löscht alle Verblendungen aus.

7. *Verblendungen verhindern, dass der Verstand logisch funktioniert.* Selbstsüchtige kennen keine anderen Wünsche als die eigenen. Verblendungen verdrängen ständig das logische Denken, denn dieses ist der Todfeind einer Verblendung. Ein verblendeter Mensch mag es nicht, wenn man seine Wünsche kritisiert, denn diese machen ihn blind.

Verblendungen werden nicht nur von uns selbst hervorgerufen oder geschaffen, sondern sie werden von einem Leben in das nächste getragen oder von den Eltern vererbt. Meist zwängen sie sich durch unsere Freunde oder Feinde auf. Unsere Freunde erwecken viele Wünsche und Begierden in uns. Durch ihre Vorstellungen formen sie sich in uns oder geben den Verblendungen eine Form.

Die meisten unserer Verblendungen stehen in Verbindung mit den unten aufgeführten Zentren:

– dem Wurzel- oder Basiszentrum
– dem Sakralzentrum
– dem Solarplexus Zentrum

Diese Zentren werden nicht nur durch die Verblendungen kontrolliert, sie nähren
sich auch von der Substanz dieser Zentren.

Lasst uns nun diese drei Zentren ausführen.

Das Wirbelsäulenbasis- oder Wurzelzentrum ist verwandt mit fünf Hauptverblendungen

Das Verlangen nach Macht. Dieses Bedürfnis manifestiert sich in deinem Zuhause,
in deiner Gruppe, in deiner Kirche, in Nationen und in der gesamten Welt. Es manifestiert sich in der Politik, der Erziehung, der Philosophie, der Kultur, der Wissenschaft
und der Religion sowie im wirtschaftlichen Bereich. Diese Verblendung ist sehr gefährlich, denn das Opfer wird in die totale Vernichtung geführt. Verlangen nach Macht
gleicht einem Fisch, der einen ganzen See leer trinkt und daran verendet.

Das Verlangen, über andere zu dominieren. Es ähnelt zwar dem Verlangen nach
Macht, aber es unterscheidet sich davon. Es benutzt Armeen, Drohungen, Angst, Kri-
minalität und Gewalt, um seine Ziele zu erreichen. Es bedient sich der Dogmen und
Ideologien, der Bestechung, der Arglist und Heuchelei; es manipuliert solange deinen
Verstand, bist du zu dessen Sklave wirst.

Das Verlangen nach Totalitarismus – Dies ist eine Verblendung, die sich so sehr aus-
weitet, dass man möchte, dass die ganze Menschheit die eigenen Ansichten, die eigene
Logik und Ideologie annimmt, damit die eigenen Pläne ausgeführt werden und dadurch
das persönliche Verlangen befriedigt wird. Diese Verblendung verlangt nach absolutem
Gehorsam – sowohl in Gedanken als auch in Taten.
Diese Verblendung des Totalitarismus kann die Ursache dafür sein, dass viele
dunkle Jahre oder Zeitalter über eine Familie, eine Nation oder die Menschheit her-
einbrechen und die Evolution um Millionen Jahre verzögert. Das Verlangen nach Totalitarismus sät die gefährlichsten Verblendungen, wenn dieser erst einmal seine Ziele
erreicht hat.

Der Freiheitsinstinkt ist wie ein Dolch im Herz dieses Verlangens. Totalitarismus macht sich alle Kanäle menschlicher Bestrebungen zu nutze, um seine Ziele zu erreichen.

Das Verlangen nach Zerstörung ist eine sehr komplexe Verblendung. Manche Menschen bringen dies aus vorherigen Inkarnationen mit sich, wenn sich nicht die Möglichkeit ergab, sich zu rächen für das Unrecht, das ihnen zugefügt wurde. Diese Verblendung wuchert in ein riesiges Verlangen, zerstörerisch zu sein.

Feinde errichten in uns ein Verlangen, destruktiv zu sein, wenn sie uns gegenüber feindselig oder aggressiv sind. Sie wissen instinktiv, was zerstört werden kann. Sehr oft ist es aber eine blinde Verblendung, die reaktiviert wurde durch die Umgebung oder durch irgendwelche Umstände, die als Motivation dienen.

Das Wirbelsäulenbasiszentrum liefert die nötige Kraft, um diese Verblendung aufrecht zu erhalten. Wenn diese Verblendung zu der notwendigen Größe aufgebaut wurde, verwandelt sie sich in einen Mechanismus für ein destruktives Wesen. Die Geschichte lehrt uns, dass es solche Kriminelle in allen Nationen gibt.

Das Verlangen nach Separatismus. Dieses Verlangen errichtet eine der destruktivsten Verblendungen, nicht nur innerhalb einer Familie, sondern auch innerhalb der ganzen Menschheit. Diese Verblendung entfaltet sich als Hass, Rache, Isolation, Überheblichkeit und als Ego.

Das Sakralzentrum steht in Bezug mit drei bedeutenden Verblendungen

Zunächst das Verlangen nach körperlichem Kontakt mit Personen oder Objekten, um Begierden zu stillen. Diese Verblendung ermutigt eine Person, ihre fünf Sinne einzusetzen, um Freude durch körperlichen Kontakt zu erhalten.

Dann das Verlangen nach Geschlechtsverkehr. Oftmals wurde diese Verblendung geweckt durch die Fantasie oder Eindrücke, die man erhalten hat durch Eltern oder durch Freunde. Diese Verblendung nährt sich durch Pornographie, Ausschweifungen und durch enge Berührung mit sexuellen Objekten.

Diese Verblendung kann geerbt werden. Man kann sie über die Eltern vererbt bekommen, oder man bringt sie aus einer vorherigen Inkarnation mit.

Es folgt das Verlangen, anziehend für andere zu sein, damit man sie ausnutzen kann und um eigenes Wohlbefinden zu erreichen. Diese Verblendung sorgt für reißende Umsätze in den Geschäften. Sie funktioniert nicht nur durch bestimmte Gesten oder Körperbewegungen oder durch bestimmte Tonlagen der Stimme, sie manipuliert auch durch sexuell provokative Bekleidung und Schminke oder durch bestimmte Parfums. Wenn diese Verblendung wächst und überwiegt, kreiert sie Eitelkeit und Ego. Schwache Menschen werden ausgenutzt, denn sie dienen dieser Verblendung als Nahrungsquelle.

Der Solarplexus steht in Bezug mit fünf bedeutenden Verblendungen

Gier und das Verlangen nach Besitztümern – es ist ein Verlangen nach Ländereien, Geld und anderen Objekten. Diese Verblendung nennt man »das Fass ohne Boden,« denn es kann niemals gefüllt werden. Die Besitztümer werden gesammelt und angehäuft und sie können niemals aufgebraucht werden. Diese Verblendung kreiert schließlich viele Arten von Vergehen und Verbrechen gegen die Moral.

Das Verlangen, andere zu kritisieren und herabzusetzen ist eine Verblendung, die andere daran hindert weiterzukommen, denn sie führt dazu, dass andere sich minderwertig fühlen. Wir sprechen hier nicht von konstruktiven oder instruktiven Ratschlägen, die man anderen gibt, damit diese es besser machen können.

Diese Verblendung drückt sich nicht nur durch die Gestik oder die Art aus, wie man etwas oder jemanden anschaut, sondern auch durch die Stimmlage. Seltsamerweise verbirgt sich diese Verblendung hinter Schmeicheleien und schlechten Ratschlägen, die einem zuckersüß verabreicht werden. Man gewöhnt sich so sehr an diese Verblendung, dass man kaum wahrnimmt, wie sehr deine Ausdrucksweisen davon durchwoben sind.

Das Verlangen, Tratsch zu verbreiten führt dazu, dass eine Verblendung entsteht, die verantwortlich dafür ist, dass man irgendwann Probleme mit dem Hals und dem Herzzentrum bekommt. Menschen die tratschen, haben in der Regel eine schlechte Verdauung und Probleme mit dem Hals und dem Herzen.

Das Verlangen nach Boshaftigkeit, übler Nachrede und Verrat nennt man die »drei Verbrecher.« Diese drei Verbrecher zerstören Freundschaften und das Vertrauen, das man in andere hat, und vernichtet aufrechte menschliche Beziehungen und Kooperationen. Die dunklen Mächte sind in der Lage jahrelang abzuwarten, bis solche Verblendungen entstehen, und zu Werkzeuge für ihre destruktiven Machenschaften werden.

Das Verlangen nach Streit. Diese Person hat ein starkes Bedürfnis, sich mit anderen auseinanderzusetzen, zu kämpfen, zu debattieren und Konflikte zu kreieren. Dieses Verlangen führt schließlich dazu, dass eine Verblendung entsteht.

Diese Verblendung wurde uns aus der Tierwelt weitervererbt. Es ist ein Instinkt, der durch ein Verlangen, über andere zu herrschen, genährt wird und dieses Verlangen wird durch den Selbsterhaltungstrieb aufgebaut. Diese Verblendung wird die Menschheit entweder in die Vernichtung führen, oder zur endgültigen Erkenntnis bringen, dass die Menschen es nicht nötig haben, sich gegenseitig zu bekämpfen, sondern gegen all das zu kämpfen, was sie behindert und sie davon abhält Perfektion, zu erreichen.

Wie man Verblendungen bekämpft

Der erste und wichtigste Schritt wäre, das Licht des Verstandes und der Logik zu benutzen, zu beobachten und analytisch zu denken.

Der zweite Schritt wäre, die Zentren so zu verfeinern, dass sie nicht mehr empfänglich für die Verblendungen sind. Man tut das, in dem man die Tugenden einsetzt, die das genaue Gegenteil der jeweiligen Verblendungen sind.

Nehmen wir zum Beispiel das *Verlangen nach Macht.* Wenn wir feststellen, dass dieses Verlangen sich in eine Verblendung verwandelt, sollten wir kreativ sein und dieses Verlangen durch Dienst am Nächsten ersetzen, ohne jegliche Erwartung auf Anerkennung. In einer Meditation können wir visualisieren, dass wir von dieser Verblendung befreit sind, dass wir der Menschheit dienen und niemals nach Anerkennung verlangen.

Wenn wir diese Tugend entwickelt haben und sie im täglichen Leben einsetzen, durch unsere kreative Imagination, wird die Verblendung verblassen und sie verliert die Macht über uns. Voraussetzung wäre, dass die Tugend allmählich aufgebaut und nicht nur in unserem Leben eingesetzt, sondern auch in unserer Denkweise verankert wird.

Sollten wir beobachten, dass das *Verlangen, andere zu dominieren,* sich zu einer Verblendung entwickelt, nehmen wir das Gegenteil davon – nämlich Gehorsam – und meditieren darüber. In der Zwischenzeit setzen wir unsere kreative Imagination ein und machen die Gehorsamkeit zum Teil unseres täglichen Lebens. Es ist so, dass wir dadurch die Bedeutung des Gehorsams eingehend studieren und versuchen, in die tieferen Schichten hineinzugelangen, damit wir das Verstandene praktizieren können.

Durch Kontemplation über die vielen verschiedenen Phasen des Gehorsams und durch die Bemühungen, ihn in unserem täglichen Leben zu verwirklichen, kann schließlich die Verblendung, andere zu dominieren, zerstört werden.

Die gegenteilige Tugend zum *Totalitarismus* ist, die Rechte anderer anzuerkennen. Die Verblendung, die sich als *Verlangen zu zerstören* ausdrückt, kann ersetzt werden durch das Verlangen, Konstruktives zu erschaffen.

Die *Verblendung, die sich als Separatismus* ausdrückt kann durch Synthese und Vereinigung ersetzt werden.

Die Verblendung, die sich als *ein Verlangen nach körperlichem Kontakt* ausdrückt, kann ersetzt werden durch das Verlangen, sich mit der Seele oder den Tugenden der Anderen zu verbinden, indem man die höheren Sinne anwendet, um in Kontakt mit einer Person oder gar einem Objekt zu kommen.

Die Verblendung, die sich als *ein Verlangen nach Sexualität* ausdrückt, kann ersetzt werden, durch ein Verlangen auf Herz- und Verstandesebene miteinander zu kooperieren. Viele Paare haben ein übermäßiges Verlangen nach Sexualität bewältigt, indem sie gemeinsam kreativ arbeiten und zum Beispiel Musik komponieren, singen, malen oder sich dem politischen Engagement oder dem Studium der Wissenschaften und der Psychologie gewidmet haben. Auf diese Weise kann man eine Partnerschaft lebendig gestalten, da man auf einer Ebene kooperiert, und die das Teilen der sich ständig weiter entwickelnden Interessen ermöglicht. Somit wird ein Verlangen nach Sexualität geschwächt.

Wenn das *Verlangen, durch Äußerlichkeiten anziehend zu sein* sich in eine Verblendung verwandelt, kann es ersetzt werden durch das Verlangen, anziehend zu sein durch die Tugenden oder höheren spirituellen Qualitäten.

Beispielsweise, will eine Frau die Aufmerksamkeit eines Mannes auf sich ziehen und sie versucht alles Mögliche, um ihr Haar, ihr Gesicht und ihren Körper anziehend zu gestalten, jedoch später stellt sie fest, dass all ihre Bemühungen nicht dauerhaft waren. Sie entscheidet sich dann, die Tugenden zu entwickeln und die Qualitäten des Herzens, Talente und Qualitäten des Intellekts in sich reifen zu lassen. Sie stellt nun fest, dass die höhere Qualität den Mann anzieht und sie sich eventuell mit ihm verheiraten kann. Wenn wir Bindungen mit anderen Menschen nur aufgrund von Äußerlichkeiten eingehen, werden diese Beziehungen nicht dauerhaft sein.

Man kann eine Verblendung, die sich als *Verlangen nach materiellen Dingen* ausdrückt, verwandeln, indem man sie durch das Verlangen ersetzt, das, was man besitzt, mit anderen zu teilen.

Die Verblendung vernichtende Kritik zu üben, kann man dadurch verwandeln, dass man die Tugend entwickelt, Gutes in allen Menschen zu sehen.

Die Verblendung, die sich als *Verlangen zum Tratschen* ausdrückt, kann ersetzt werden, indem man sich über Wissenschaft, Politik, die Zeitlosen Weisheitslehren, Helden, große Menschenfreunde oder Führungspersönlichkeiten unterhält.

Die Verblendung der Boshaftigkeit kann man überwinden, indem man den Willen Gutes zu tun entwickelt.

Die *Verblendung der Verleumdung* kann überwunden werden durch das Verlangen, diejenigen, die verleumdet werden, zu beschützen.

Die Verblendung des Verrates kann man überwinden, indem man die Tugenden der Treue und der Vertrauenswürdigkeit entwickelt.

Die Verblendung, die sich in dem *Verlangen ausdrückt alles zu bekämpfen,* kann vernichtet werden, indem man ein Verlangen alles verstehen zu können und mit anderen zu kooperieren entwickelt.

Dies sind die Techniken, die wir verwenden können, um unsere Verblendungen auszulöschen und durch Tugenden zu ersetzen.

Illusionen

Illusionen werden in unserer Verstandessphäre geformt, wenn wir uns mental weiter entwickeln und wenn wir beginnen, gewisse Strömungen von Eindrücken, Inspirationen, Offenbarungen, Ideen und räumlichen Gedankenmustern wahrzunehmen. Der Kontakt zwischen unserem mentalen Mechanismen und den Strömungen kreieren Illusionen, wenn unser mentaler Mechanismus nicht vollends ausgebildet ist, oder wenn er noch mit Behinderungen oder Kristallisationen aus diesem oder vorherigen Leben behaftet ist. Was hier genau passiert, ist dass die Strömungen durch den Verstand falsch interpretiert werden, und mit persönlichen Erwartungen und Interessen eingefärbt werden.

Fehlinterpretationen und Einschränkungen der Strömungen verwandeln sich in Illusionen. Daher ist eine Illusion ein Gedankenmuster, dessen Kern Licht oder Intuition ist, aber die Form, die es umgibt, zeigt allerdings den Kern nicht präzise auf und wird daher für persönliche, nationale oder Gruppeninteressen eingesetzt.

Meistens kommen wir mit diesen Strömungen – Eindrücken, Inspirationen, Offenbarungen, Ideen und räumlichen Gedankenmustern – durch unsere Gedankenmuster wie Pläne, Fakten, Ansichten, Vorlieben, mentale Symbolen, unseren Charakter, oder Strahlen, Wunden und auch durch starke Eindrücke, die durch bestimmte Ereignisse hervorgerufen wurden, in Berührung. Das Resultat ist dann ein verzerrtes, fehlinterpretiertes und irreführendes Konzept.

Illusionen sind somit diejenigen Gedankenmuster, die verzerrte Tatsachen beinhalten und als solche kontrollieren sie unser Leben, unsere Emotionen, Taten, unsere Worte und unsere Gedanken – und sie verwandeln sich in die Ursachen unseres Schmerzes und Leides.

Der Mentalmechanismus besteht aus zwei Hauptkomponenten, die manchmal niederer und höherer Verstand genannt werden. Der niedere Verstand ist verbunden mit Eigeninteresse, unseren täglichen Bedürfnissen und den Kenntnissen über die Materie und das alltägliche Leben. Der höhere Verstand ist mit allem verbunden – mit transpersonalen- und transzendentalen Werten – mit der Weiterentwicklung und Vervollkommnung der menschlichen Seele. Der höhere Verstand ist auch verwandt mit der Weisheit und mit den Visionen. Der höhere Verstand ist eine Brücke zwischen dem Licht der Intuition und den niederen Verstandes. Durch den höheren Verstand gelingt es den menschlichen Seelen, sich jenseits aller menschlichen Begrenzungen zu begeben und sie erlangen Erleuchtung und eine höhere Wahrnehmung auf der Intuitionsebene.

Die menschliche Seele ist ein Magnet und im Allgemeinen ist sie im niederen Verstand oder zwischen dem höheren und niederen Verstand fokussiert. Wenn die menschliche Seele Offenbarungsstrahlen, höhere Eindrücke oder Inspirationen und Ideen heranzieht, verlieren diese Strömungen ihre Reinheit und Ladung und werden im niederen Verstand fehlinterpretiert. *Diese Fehlinterpretation ist die eigentliche Illusion,* aber die Menschen verstehen nur schwerlich, dass ihre Gedanken, ihre Meinungen und ihr Glauben, Illusionen sein können. Daher kreieren die Illusionen Verzerrungen in allen Wirkungsbereichen des Menschen und sie führen so zu Separatismus und Verbrechen, zu Gier, Krieg und Zerstörung.

Eine Illusion kann sich in eine große Verblendung mit mächtiger Kraft verwandeln, und kann zum wahren Fluch für seinen Besitzer werden. Illusionen haben die große Macht, den Verstand separatistisch werden und den Menschen glauben zu lassen, dass sein Wissen das letzte Wort sei. Illusionen kreieren Ablehnungen und führen schließlich zum Fanatismus.

Unser Bewusstsein entfaltet und erweitert sich d*urch Kommunikation mit höheren Quellen des Lichtes*. Wenn diese Kommunikation nicht klar und deutlich ist, sondern auf Fehlinterpretation der Kontakte basiert, dann verliert sich der Mensch in seinen eigenen Illusionen. Höhere Führung kommt dann zustande, wenn der Mensch sie klar und deutlich interpretiert und somit so versteht, wie sie ist.

Es ist daher unbedingt erforderlich, dass wir nicht nur unseren niederen Verstand/Geist von allen angesammelten Vorurteilen, Aberglauben und Verblendungen befreien, sondern auch die Fähigkeit erwerben, im höheren Verstand/Geist zu wirken. Dadurch eine Brücke bauen zwischen dem niederen- und höheren Verstand/Geist und der Intuition. So halten wir den Kontakt mit den höheren Welten rein und interpretieren die kommunizierten Ideen, Eindrücke und Inspirationen, ohne sie zu verzerren. Sie werden so auf eine Weise interpretiert, dass das kalte Licht der Intuition es uns ermöglicht, die Wichtigkeit der Kommunikation zu erkennen, nicht nur in Bezug auf das menschliche Dasein, sondern auch in Bezug auf das kosmische Dasein als Ganzes. Solch ein alles einschließendes Verhalten wird den Menschen befähigen, alle anderen Ideen und Interpretationen als Teil eines Ganzen zu sehen und nicht als einzelne, voneinander getrennte Wesenheiten.

Es gibt so viele Illusionen, wie es menschliche Wesen gibt. Wir werden einige in den folgenden Ausführungen betrachten.

Hauptillusionen, die auf die meisten Menschen zutreffen

1. *Die erste Illusion ist die des Separatismus.* Alle unsere Zivilisationen, unsere Logik, unsere Beziehungen und unsere Politik basieren auf der Illusion des Separatismus. Auch religiöse und spirituelle Menschen denken und handeln im Geiste des Separatismus. Wir können durchaus sagen, dass der Separatismus seine Wurzeln in unseren Knochen hat. Diese Illusion kontrolliert unser Leben, unsere Gedanken, Emotionen, Aktivitäten, Worte und die Beziehungen zu anderen.

Stellen wir uns doch eine Welt vor, in der alle Menschen erkennen, dass alles eins ist! Die Illusion des Separatismus ist eines der kraftvollsten Gedankenmuster, das die Menschheit auf ihrem Pfad der Entwicklung behindert und verhindert, dass sie Einheit erlangt.

Die Illusion Separatismus wirkt in uns wie ein falsches Ich. Das »Ich« ist eine Illusion, die durch viele Millionen Jahren entstanden ist und sich in so hohem Maße im mentalen Körper kristallisierte, dass es beinahe unmöglich ist, sich davon zu befreien. Zu allererst und im Allgemeinen bezeichnen wir unseren physischen Drang, unsere Triebe und unseren physischen Körper als »Ich«, und was auch immer die größte Macht über uns ausübt, wird zum König »Ich« und regiert über unsere Existenz.

Es ist einfach, die niederen »Ichs« zu vernichten, aber es ist sehr schwer sie zu vernichten, wenn sie unsere eigenen Illusionen sind. Wenn die menschliche Seele sich mit einem dieser »Ichs« identifiziert, dann entwickelt sie ein Ego – sie wird zum Ego. Es ist dieses Ego, das sich schließlich in ein gewaltiges Hindernis verwandelt und eine Weiterentwicklung unterbindet.

2. *Die zweite Illusion ist die vom Tod.* Diese Illusion verschwindet erst dann, wenn man erlebt hat, dass man nicht der Körper oder die Körper ist. Diese Illusion vom Tod hat sich wie eine Taschenratte im Gehirn festgesetzt und frisst die Wurzeln deiner Freude. Sie kontrolliert dich durch Angst und Depressionen.

Obwohl es nicht notwendig ist, lässt sich die Menschheit in hohem Maße durch diese Illusion manipulieren. Doch keine Angst, kein Unglück wird dich befallen! Zum Zeitpunkt des »Todes« treten wir ein, in ein Leben voller Fülle und wir werden erkennen, dass wir mehrere prächtige Körper haben, die noch unbenutzt sind.

3. *Die dritte Illusion ist die, dass Wissen nicht intuitiv empfangen wird.* Eigentlich gibt es so gut wie kein Wissen, das nicht ein Resultat der Intuition ist.

All unser Wissen, ist in hohem Maße abhängig von unserem mentalen Rüstzeug und all unser Wissen ist lediglich ein Bruchteil von dem, was uns noch unbekannt ist. Da unser Wissen nur ein Teilwissen und somit unvollständig ist, stört es das Gleichgewicht des Lebens – es wird zu einer Quelle der Zerstörung für die Natur und auch für die Menschheit.

Wahres Wissen wird nicht die Ozeane verschmutzen, und die Menschen werden dann auch nicht die kontaminierten Fische essen. Es wird nicht Nahrung in Fülle erzeugen und sie mit Gift versetzen. Es wird nicht das Gewicht der Galaxien messen und trotzdem unfähig sein, den Schmerz im Herzen seines Bruders wahrzunehmen. Vom kosmischen Standpunkt aus betrachtet erscheint das Wissen der Menschheit wie eine Glasscherbe, die die Sonne reflektiert.

Es gibt viele verschiedene Auslegungen der Geschichte von Adam und Eva. Eine davon besagt, dass der Mensch sich vom Baum der Erkenntnis oder Weisheit nährte und daher aus dem Paradies verstoßen wurde. Der Mensch trennte die Früchte vom Baum. Die Früchte alleine dienten einem gesonderten Zweck und waren nicht das Ganze einschließende Wissen, nämlich der Baum. Das Böse flüsterte Eva ein, das Wissen an sich zu nehmen und es für separierende und parteiische Interessen einzusetzen. Der Baum der Erkenntnis verwandelte sich in eine Illusion, und das Paradies war für die Menschheit fortan verschlossen.

4. *Die vierte Illusion ist die, Besitztümer zu haben.* Es ist äußerst interessant die Menschen zu beobachten – als ob sie alles behalten könnten, was sie sammeln möchten... Welch eine Illusion! Unser ganzes Leben fußt auf dem, was wir besitzen. Wir »besitzen« einen Körper, Geld, Grund und Boden, Möbel, Juwelen.... In Wahrheit besitzen wir rein gar nichts. Der Beweis dafür ist, dass man zum Zeitpunkt des »Todes,« wenn man den physischen Körper verlässt, alles gänzlich verliert. Alles was man dann »besitzt,« ist nutzlos.

Wenn man intensiver darüber nachdenkt, wird man erkennen, dass man noch nicht einmal sich selber »besitzt.« Man ist ein Teil von... allem. Welch ein wunderbares Konzept – und vieles davon wird in den »Zeitlosen Weisheitslehren« erwähnt.

Die Illusion, dass wir Besitztümer haben, ist die Ursache für viel Blutvergießen auf dieser Erde. Durch diese Illusion wurde eine Wissenschaft der Manipulation und Ausbeutung entwickelt und in vielen Universitäten dieser Welt gelehrt. Als einmal ein sehr reicher und gieriger Mann starb ging ein Fremder auf seinen Sarg zu und flüsterte ein paar Worte in das Ohr des Toten. Die Witwe fragte ihn: »Was hattest du zu ihm gesagt?«

»Nun, ich fragte ihn, ob er jetzt noch etwas besitzt.«

»Was antwortete er?«

»Nichts!«

5. *Die fünfte Illusion ist die der Überlegenheit* – nationale Überlegenheit, Rassenüberlegenheit, religiöse Überlegenheit, Gruppen-, Familien- und individuelle Überlegenheit. Die Menschen wollen es nicht wahr haben, dass es nur eine einzige höchste Wesenheit gibt. Das ist das zentrale Feuer, die eine Wesenheit in allen Lebewesen.

Die Illusion der Überlegenheit ist tief verwurzelt in bestimmten Individuen, Nationen und Rassen. Sie ist eine Quelle des Schmerzes und des Leids nicht nur für diejenigen, die als minderwertig betrachtet werden, sondern auch für die »Überlegenen.«

Die Illusion der Überlegenheit gestattet es, die anderen Menschen, die man als unterlegen betrachtet, zu hassen, sie auszubeuten, zu manipulieren und sie gar zu vernichten. Im Namen der Überlegenheit hasst man die eine Wesenheit die im Herzen aller Menschen innewohnt. Sogar Christus nahm für sich nicht die Überlegenheit der Güte in Anspruch. Er sagte: »Nur Gott ist gut« und meinte damit – Gott in allem.

Demut ist ein Bewusstseinszustand, in dem die Illusion der Überlegenheit nicht existiert. Ein demütiges Genie glaubt daran, dass alle guten Dinge, die es hat, vom Höchsten kommen, und dass es lediglich ein Zeuge oder Hüter aller Schätze des Höchsten ist.

6. *Die sechste Illusion ist die der Einsamkeit.* Wie kann man jemals einsam sein, wenn man sich bewusst ist, im Höchsten zu leben, zu weben und sein Dasein zu haben? Wie kann man einsam sein, wenn man die Erkenntnis hat, dass man von unsichtbaren Wesen umgeben ist? Wie kann man einsam sein, wenn man in der Anwesenheit seiner Engel ist? Wie kann man sich einsam fühlen, wenn man sich mit einer Aufgabe des kreativen Feuers beschäftigt? Wie kann man einsam sein, wenn jede Minute damit ausgefüllt ist, im Dienst für die Welt zu stehen?

Die Illusion der Einsamkeit sowie jede andere Illusion ist eine mentale Schwäche oder Krankheit. Diese Illusion verwandelt sich sehr leicht in eine Verblendung, wenn sie durch den Emotionalkörper angezogen wird und sich dort in eine Depression verwandelt. Dies ist eine weit verbreitete Krankheit, die nicht nur das Leben der depressiven Person beeinträchtigt, sondern auch all derjenigen, mit ihr in Verbindung stehen.

In Wirklichkeit ist es nicht möglich allein, einsam oder distanziert zu sein – selbst, wenn man es wollte. Einmal sagte ein Sufi Lehrer zu einem Studenten: »Nenne mir einen Platz, wo du hingehen kannst, um allein und einsam zu sein!« Dieser antwortete: »Nahe bei Gott.« (Dies bedeutet, der meist Respektierte). »Ein Mensch kann nur dann im Dunkeln sein, wenn er die Augen schließt. Er kann dann einsam sein, wenn er sich gegen sich selbst wendet, andernfalls ist Einsamkeit ein Ding der Unmöglichkeit!« »deine Antwort ist gut,« sagte der Lehrer »aber wie kann man die Illusion der Einsamkeit überwinden?« »In dem man erkennt, dass es nichts gibt außer Gott!« Der Student wurde vom Lehrer mit einem Lächeln belohnt.

»Was ist Freiheit?« fragte eines Tages ein anderer Lehrer seine Klasse. Die Antwort darauf war: »Die Abwesenheit der Illusionen.« Man kann viele Bücher schreiben und Symphonien komponieren – nur um die überragende Schönheit dieser Definition von Freiheit verständlich zu machen.

7. *Der siebte Illusion ist die der Privatsphäre.* Es ist ein Zustand des Bewusstseins in dem wir versuchen, uns auf eine Art zu verstecken, so dass wir uns nach einer »Privatsphäre« sehnen. Diese Illusion wird genutzt, um all die Gedanken und Gefühle, die unaufrichtig, hässlich, unangemessen, unzeitgemäß, ziellos und unrein sind, zu verdecken. Sie ist eine Decke, in die wir unsere Schwächen einwickeln. Die Wissenschaft wird eine solche Privatsphäre sehr bald unmöglich machen.

Einer der Nahrungsfaktoren für diese Verblendung ist Angst. Solange wir ein Leben führen, das dem Wohle aller Wesen dient, oder das keinen Schaden zufügt, wird es nicht notwendig sein, uns in einer »Privatsphäre« zu verstecken. Im höheren Sinn ist eine »Privatsphäre« eine Periode der intensiven Kooperation mit den kreativen Kräften der Natur. Es ist allerdings nicht die Zeit, um deine Nase in den Sand zu stecken und den Rest Deines Körpers sichtbar bleiben zu lassen.

8. *Die nächste Illusion ist die Illusion von Zeit und Entfernung.* Es ist ein sehr komplexes Thema aber um es zusammenzufassen: Zeit existiert nur im Bewusstsein des Gehirns. Jenseits davon existiert das Unendliche. Entfernung besteht nur dort, wo man durch seinen physischen-, astralen- und mentalen Körper behindert wird. Jenseits davon existiert nur der Weltraum – und dein Bewusstsein ist vereint damit.

9. *Die nächste Illusion ist die Illusion der Form* – alle Formen, seien sie physisch, astral oder mental – sind Illusionen; das heißt, dass sie früher oder später vergehen werden. Die Manifestation der Form im kosmischen Weltraum ist eine Illusion. Es ist eine Tatsache, dass Galaxien geboren und organisiert werden, um dann letztendlich zu verschwinden. Wenn Galaxien vergehen können, was geschieht dann mit den kleinen Kreaturen, ihren Kulturen und Zivilisationen, die sich darin bewegen?

Alle Formen sind Übungssymbole für den Geist. Wenn die Übungen beendet sind, verhilft der große Radierer, sie zunichte zu machen. Ein Lehrer sagte einmal: »Immer wenn du in einem Spiegel deine Augen, Nase, Ohren und Füße betrachtest, denke dir dabei, dass die Formen nicht sehr lange bestehen werden. Daher solltest du sie gut zu nützen wissen…!«

Was kann ein Mensch denn von sich selbst erwarten, wenn sein ganzes Leben in den Spuren einer Illusion verläuft? Lord Buddha betonte daher die Notwendigkeit der Erleuchtung ausdrücklich: »*Die Abwesenheit der Illusionen ist Erleuchtung!*« Alle Großen – die sogenannten Great Ones – erlangten zuerst die Erleuchtung, bevor sie Ihre Botschaften an die Welt weitergaben.

Illusionen kann man aus den vorherigen Leben erben und sogar auch von den Eltern und den Freunden. Die Illusionen kondensieren und verhärten sich solange wir sie haben und werden schließlich zu einem Teil unseres Egos. Wenn sie erst einmal kristallisiert sind, ist es fast unmöglich, sie zu zerstören. Viele Leben werden dadurch verschwendet, dass man als Sklave der Illusion fungiert.

Auf unserem Pfad befindet sich ein schweres Hindernis, welches man Täuschung nennt. Die Täuschung erhält ihr Bestehen, wenn eine Verblendung und eine Illusion miteinander verschmelzen und die mentalen und emotionalen Aktivitäten eines Menschen kontrollieren. In der Regel besitzen mentale Wesenheiten die Formation einer Täuschung, und indem sie die Mechanismen einer Person benutzen, erscheinen diese als Eingeweihte, Meister, Botschafter, Messias, Johannes der Täufer und so weiter. Viele kultische Vereinigungen und religiöse Sekten sind auf Täuschung aufgebaut. Sie erscheinen vital, kämpferisch und kraftvoll, weil der Kern ihrer Täuschung eine dynamische, intuitive Idee ist, die verloren ging, in mentalen Illusionen und astralen Verblendungen.

Wie man sich von Illusionen befreit

Wie befreit man sich von den Illusionen? Die Antwort ist: Arbeite daran, deine Intuition aufzubauen! Die Intuition ist wie ein Laserstrahl, der innerhalb einer Sekunde die Formation einer Illusion vernichten und dich somit befreien kann. Intuition bringt nicht nur Licht in die Mentalsphäre, sondern verbreitet auch Mitgefühl. Mitgefühl und wachsendes Licht versetzen den Geist in die Lage, Verblendungen zu vertreiben.

Intuition kann man durch Meditation und Kontemplation über Symbole, insbesondere über Kreise und die Sonne, aufbauen. Sie kann entstehen, wenn ein Mensch versucht, im Licht zu leben und sich zu bewegen, und wenn der Mensch sich bemüht, allumfassend zu denken und alle separativen Gedanken, Gefühle und Handlungen zu meiden. Den größten Dienst, den man der Menschheit erweisen kann, ist die Vernichtung der wachsenden Verblendungen und Illusionen. *Ein Jünger ist einer, der Verblendungen und Illusionen vernichtet.*

Die Eitelkeit

Auf Latein nennt man die Eitelkeit vanitas, was so viel bedeutet wie Leere, Vakuum oder Wertlosigkeit. Auf Armenisch nennt man sie *ounaynamedutiun*, was übersetzt: »Der einen leeren Geist hat« heißt. In Wirklichkeit ist es so, dass, wenn man von der Eitelkeit gefangen genommen wird, der Geist leer ist, da man sich nicht im Mentalkörper befindet, sondern in einem Selbstbild, das man eigens für sich aufgebaut hat.

Eitelkeit ist die Gedankenform eines falschen Selbstbildes von uns Selbst und wir leben, weben und führen unser Dasein buchstäblich in dieses Selbstbild hinein. Wir befinden uns ganz woanders oder in etwas anderem – und aus diesem Grund ist unser Mentalkörper leer.

Eitelkeit ist ein falsches Selbstbild, das wir aufgebaut haben und dieses dann als unser Selbst akzeptiert haben. Wir handeln innerhalb dieses falschen Selbst und unser Denken, unsere Sprache und unsere Aktionen werden konditioniert durch dieses falsche Selbst, und da wir uns mit diesem identifizieren, ist es sehr schwer die Situation zu überblicken und uns davon zu lösen.

Die wichtigsten Eitelkeiten

1. Man glaubt etwas zu wissen – aber in Wirklichkeit ist das nicht so.
2. Man glaubt im Besitz von Sachen zu sein – aber dies ist ebenfalls nicht so.
3. Man glaubt gewisse Sachen erledigen zu können –
   aber in Wirklichkeit ist man darauf nicht ausreichend vorbereitet.
4. Man glaubt gewisse spirituelle Höhen erreicht zu haben –
   aber auch dies ist in Wirklichkeit nicht der Fall.

Die Gedankenform der Eitelkeit findet sich fast immer in einem dieser vier genannten Felder und manchmal sogar in allen vier zusammen. Sie erzeugt ein derart starkes Bild, dass man sich nur sehr schwer davon befreien kann.

Durch die Eitelkeit ist man immer in der Heuchelei und Einbildung. Man gewöhnt sich allmählich an dieses Selbstbild in einem Maße, dass man nicht länger – als das wahre Selbst – existiert und von einem Vakuum ausgefüllt ist. Eingebildete Menschen handeln wie Schlafwandler, die sich in einem angenehmen Traum befinden. Ihre Logik und Urteilskraft ist begrenzt auf ihr falsches Selbstbild. Sie können sich nicht erden, und daher können sie dem wahren Leben, so wie es ist, nicht begegnen.

Dein falsches Selbstbild ist aufgebaut durch deine eigene Eitelkeit und durch die Gedankenformen, die andere über dich haben. Ein Beispiel: du täuschst vor, ein Eingeweihter zu sein und die Menschen glauben, dass dies so ist. Diese beiden

Gedankenformen bauen dein falsches Selbstbild auf. Um zu beweisen, dass du ein Eingeweihter bist, verrichtest du alle unmöglichen Dinge, um vor den Menschen als Eingeweihter zu erscheinen. In einem Versuch deine Leere auszufüllen, verfängst du dich in Lügen und in verschiedenen Formen der Täuschung und deine Lage wird dadurch immer verwickelter.

Da eingebildete Menschen immer Komplikationen erschaffen und sich darin verstecken, leben sie immer in der Angst, dass ein anderer ganz einfach die Fakten über sie herausfindet.

Wie Eitelkeiten geformt werden

1. *Eitelkeiten werden durch post-hypnotische Anreize geformt.* Lasst uns z. B. annehmen, dass du krank warst und Fieber hattest oder, dass du unter Narkose standest und jemand sagte dann: »Er ist ein großartiger Mann, ein großer Autor, ein großer Politiker...« Seine Worte sinken tief in dich hinein, und wenn du dich von deiner Krankheit erholt hast, machst du alle möglichen Versuche »ein großartiger Mann, ein großer Autor, ein großer Politiker« zu sein. Und jedes Mal wenn dir dieses missglückt, versuchst du auf lächerliche Art und Weise die Menschheit davon zu überzeugen, dass du ein großartiges Etwas bist.

Dies passiert auch auf anderem Wege. Wenn du ein Kind hast und du prägst seinen Geist nachdrücklich mit Suggestionen, dass es ein großartiger Rechtsanwalt, Doktor, Chirurg oder ähnliches wird, baust du eine Eitelkeit in ihm auf. *Allmählich identifiziert es sich mit diesem falschen Selbstbild oder eben dieser Eitelkeit, und es versucht alles Mögliche um diesem Selbstbild gerecht zu werden.* Sollte es mental nicht bereit sein, oder sollte sein Karma es ihm nicht erlauben, das zu sein, was es sich wünscht, endet sein Leben im Chaos. Sollte es aber erfolgreich sein und zum Abbild seiner Eitelkeit werden, wird es unter der tiefen Spaltung in seiner Natur leiden.

Das Kind kann nicht zufrieden sein mit dem was es ist, und es kann aber auch nicht wissen, was es wirklich möchte, außer in seiner Eitelkeit zu sein. Die Eltern lassen es daher nicht zu, dass das Kind seinen eigenen Weg des Strebens wählt und bestimmen stattdessen für es ein Ziel, das nicht schicksalhaft zu ihm gehört.

Viele Menschen sind ihrem Sein gegenüber sehr feindselig gestimmt, denn sie werden durch ein Selbstbild gelenkt, das durch andere aufgebaut worden war. Das ist der Grund warum Eltern und Lehrer die große Verantwortung haben, keine Eitelkeiten in den Kindern aufbauen, sondern sie darin zu unterstützen, ihre wahren Ziele, für die sie geeignet sind, zu finden.

2. *Schmeicheleien errichten Eitelkeiten.* Die Menschen verwenden Schmeicheleien, um andere auszubeuten, sie auszunützen und zu manipulieren. Schmeicheleien errichten Eitelkeit in den Menschen, insbesondere dann, wenn diese nicht geerdet sind und die Spielchen, die andere aus eigenem Interesse mit ihnen spielen, nicht erkennen.

Schmeicheleien bauen im Geist des Opfers falsche Werte auf. Diese Werte, die in Wirklichkeit außerhalb der Reichweite des Opfers sind, werden von diesem als das wahre Selbstbild oder als Erfolg angenommen. Infolge dessen glaubt das Opfer ein versierter Musiker, Redner oder hochkarätiger Künstler zu sein und verspürt nicht den Drang, nach etwas Höherem zu streben.

Jene, die bewundert werden und denen geschmeichelt wird, bleiben mittelmäßig und rutschen sogar den Abhang hinunter bis unterhalb des Mittelmaßes. Es ist deshalb oftmals so, dass diejenigen, die feindselig gegenüber wahren Talenten sind oder eine Abneigung gegen diese haben, ihnen eigentlich einen großen und wertvollen Dienst verrichten, denn sie verursachen durch ihre Feindseligkeit, dass diese mit intensiver Wachsamkeit nach neuen Höhen streben.

Infolge ihrer Eitelkeiten wird eine geschmeichelte Person sehr empfindlich. Wird ihre Eitelkeit verletzt, so empfindet sie das als große Ungerechtigkeit.

Wenn beispielsweise eine Frau ihrem Mann fortwährend mit den Worten: »Du bist der attraktivste Mann, den ich jemals gesehen habe!« schmeichelt, dann werden im Laufe der Monate und Jahre bei diesem allmählich Eitelkeiten aufgebaut. Dieser Mann gestattet es nicht, dass seine Kollegen oder Angestellte über andere attraktive Männer sprechen und wird seinen Zorn, seine Verärgerung und Depression darüber deutlich machen.

Es gab einmal einen sehr demütigen, kooperativen und ehrlichen Mann. Eines Tages gab ich ihm die Chance über ein Thema, über das er gut informiert war, vor meinem Publikum zu referieren. Der Vortrag verlief sehr gut, und viele Menschen gratulierten ihm hinterher und gaben ihm zu verstehen, dass er ein sehr talentierter und dynamischer Redner sei. Ich selbst schätzte ihn sehr und ermutigte ihn sich weiter zu bemühen.

Ein paar Tage später veränderte sich sein Verhalten den Menschen gegenüber. Er verlor seine Demut, begann Befehle zu erteilen und präsentierte Forderungen. Allmählich erweckte er so Ablehnung in den Menschen seiner Umgebung.

Schmeicheleien und maßloses Lob erwecken manchmal die Keime schlafender Eitelkeit.

3. *Eitelkeit wird aufgebaut um durch Angeberei, andere zu beeindrucken, um sie dann zum eigenen Vorteil auszunutzen.* Dies ist eine leichte Art und Weise Eitelkeit zu entwickeln. Durch Prahlerei beginnt man allmählich, sich mit einem Selbstbild,

das einem nicht entspricht, zu identifizieren. Wenn man mit der Prahlerei fortfährt, erschafft man Eitelkeit, lebt darin und verliert seine wahre Identität.

Wir werden in Büchern durch die Weisen davor gewarnt, durch Angeberei und falsche Selbstbilder unser Selbst zu demonstrieren.

4. *Eitelkeit wird auch durch Angst aufgebaut.* Aus Angst versuchen wir anders zu erscheinen als wir sind und bezahlen einen hohen Preis dafür. Manchmal ist die Anmaßung so stark, dass wir aus diesem falschen Selbstbild heraus handeln, und dann identifizieren wir uns damit. Wenn wir mit diesem Selbstbild kristallisieren, verändert es sich in eine Eitelkeit. Wir geben vor stark, furchtlos und tapfer zu sein; wir verändern unsere Gangart, unsere Stimme und unsere Bewegungen. Andere sehen unsere Eitelkeiten, wir aber nicht, bis zu dem Zeitpunkt, während dem unsere Bravour oder Furchtlosigkeit auf die Probe gestellt wird.

5. *Wenn eine Person voreilig befördert wird, nämlich bevor ihre Integrität genügend entwickelt ist, dann baut sie Eitelkeiten auf.* Beförderung ist eine der gefährlichsten Handlungen innerhalb einer Gruppe, einer Kirche, ja sogar in der Politik und in der Wirtschaft. Plötzlich erscheinen verschüttete Keime der Eitelkeit in der Natur der Menschen, mit all ihren hässlichen Konsequenzen, wenn Menschen vorzeitig befördert werden.

Führende Persönlichkeiten sollten sorgfältig darauf achten, dass Beförderungen nur sachte und mit Bedacht ausgesprochen werden, da die Menschen in verantwortungsvollen Positionen durch ihre Eitelkeiten großen Schaden in ihrem Umfeld anrichten können. Bevor man Menschen befördert, sollte man Demut in ihnen kultivieren, so dass sie nicht in höheren Positionen, wo viele Versuchungen lauern, den Kopf verlieren.

Plötzlicher Erfolg erzeugt oftmals Eitelkeiten in den Köpfen der Menschen. Sie beginnen sich wie Vorgesetzte, Prinzen und Präsidenten aufzuführen und den Kontakt zur Realität zu verlieren. Plötzlicher Erfolg belebt viele ihrer Eitelkeiten, die sich nach Nahrung sehnen und plötzlich spüren sie, dass die Zeit gekommen ist, sich selbst zu verwirklichen. Somit verschmelzen die Eitelkeiten mit den Verblendungen und kreieren psychische Komplikationen, die sich manchmal in Leichtsinn oder in Gewalttätigkeit anderen gegenüber ausdrücken.

Beförderung bezieht sich nicht nur auf die Wirtschaft oder auf spirituelle Positionen, sondern auch auf Freundschaften. Sei vorsichtig, dass du nicht sofort Freundschaft mit einem anderen schließt und ihm alle Geheimnisse deines Herzens anvertraust. Dein Freund könnte eine Eitelkeit entwickeln und deine Geheimnisse als Waffe gegen dich benutzen – oder er könnte meinen, dass du sehr leichtsinnig bist. Wenn dein Freund selber Eitelkeiten besitzt und spüren sollte, dass du diese nicht erkannt hast, könnte er sie gegen dich verwenden.

6. *Eitelkeiten werden in den Menschen aufgebaut, wenn sie eine große Summe Geld, andere Sachwerte oder eine Position erben, sowie wenn sie in eine reiche oder adlige Familie hineingeboren werden.* Diese Eitelkeiten sind nur sehr schwer zu durchbrechen. Menschen, die mit diesen Eitelkeiten überladen sind, verstehen die anderen in ihrer Umgebungen nicht und sie sind daher auch nicht von Nutzen. Aus diesem Grunde schickten weise Könige in der Vergangenheit ihre Söhne in die Fremde, damit sie unter einfachen Menschen zu leben lernten und Verständnis für deren Probleme und die Ursachen ihres Schmerzes und Leides entwickeln, so dass sie diesen eines Tages hilfreich zur Seite stehen konnten.

7. *Wenn Menschen dich mehr schätzen und ehren, als du es verdienst, entwickelst du Eitelkeit.* Solltest du in einer höheren Position oder eine einflussreiche Person sein, dann hüte dich davor, den Menschen zu schmeicheln oder ihnen das Gefühl zu geben, sie stellten mehr dar, als sie es tatsächlich tun, denn solch ein Verhalten erzeugt in ihnen Eitelkeiten.

Wenn z.B. jemand lediglich eine Zeitung lesen kann, dann erzähle ihm nicht, er sei ein Professor. Versuche den Menschen zu vermitteln, was sie wirklich sind und wie sie sich folglich zu benehmen haben.

8. *Die Menschen kreieren in dir eine gewisse Art der Eitelkeit, wenn sie dich dazu führen ihren Versprechungen glauben zu schenken.* Sie sagen zum Beispiel: »Wenn du diesen Kurs beendest, wirst du zum Genie… du wirst kreativ… deine Chakren werden sich öffnen… du wirst überlegen sein.« Hüte dich vor denjenigen, die voreilige Versprechungen machen! Viele Menschen kommen dadurch zu Geld, dass sie lediglich Versprechungen machen. Wenn du diesen Menschen folgst, und ihre Kurse belegst, und viel Geld und Zeit opferst, wirst du die Eitelkeit entwickeln, dass du etwas Besonderes bist, denn du hast ja diese Kurse besucht… und dafür besonders viel Geld ausgegeben. Sollte es so sein, dass du dich überhaupt nicht veränderst, wirst du entweder die Menschen, die dir diese Versprechungen gemacht haben hassen, oder – was wahrscheinlicher ist – du wirst so tun, als ob du wirklich etwas Besonderes bist, da du den Kurs ja abgeschlossen hast!

Lasst uns nun schauen, was Eitelkeiten anzurichten vermögen

1. *Eitelkeiten machen dich zu einem künstlichen Objekt.* Du verlierst deine Natürlichkeit oder Originalität und verhältst dich so, als ob du ein anderer bist. Allmählich wirst du in all deinen Facetten künstlich – nicht nur in der Art wie du dein Make-up aufträgst, sondern auch in deinem Verhalten, deiner Stimme, deinem Aussehen und auch

deine Beziehungen werden künstlich werden. Ein derart künstlicher Mensch kann weder Vertrauen noch Selbstvertrauen kreieren, denn Vertrauen und Selbstvertrauen entstehen nur dann, wenn du auf deinem rechtmäßigen Platz bist, und dort fokussiert und gesammelt bist.

Ein künstlicher Mensch kann nicht wirklich beeindrucken – er drückt sich sehr gewählt aus, er kleidet sich auf die auffälligste Art, sein Betragen ist von mathematischer Korrektheit. Er kann aber dennoch die anderen nicht beeindrucken, da er nicht er selbst ist sondern seine Eitelkeit darstellt und somit nur ein großes Vakuum beinhaltet.

Wenn ein solcher Mensch sein Kind oder andere belehren will, kann er sie nicht überzeugen – er bekommt das Gefühl gegen eine Wand zu reden. Das ist der Grund, weshalb Eitelkeiten die Menschen zwingen krass zu handeln, nämlich um damit ihre Leere zu ersetzen.

2. *Eitelkeit lassen uns Spielchen treiben.* Eigentlich wurden während unsere Kindheit die Spielchen in unseren mentalen Computer einprogrammiert und die Eitelkeit ruft sie später wieder ab, wenn irgendein Teil davon angesprochen wird.

Jedes Mal wenn du erkennst, dass du ein Spielchen spielst, machst du einen Fortschritt in deiner Entwicklung, da du, nachdem du erkannt hattest, wie du deine Spielchen treibst, höchstwahrscheinlich deine Eitelkeit erfasst und sie bearbeiten wirst.

Spielchen sind dramatisierte Versionen unserer Eitelkeiten. Diese Spielchen werden ausgedrückt durch Lachen, Tränen oder Weinen, durch Schweigen, durch übermäßiges Gestikulieren oder durch Trägheit. Spielchen setzen uns in den Augen der Beobachter herab, da diese erkennen, wie wir darin gefangen sind. Auch innerhalb unserer Familien treiben wir diese Spielchen, in dem wir den anderen erzählen, wir seien krank, müde, oder hätten etwas anderes vor. Wenn man diese Spielchen nicht erkennen und sie beenden kann, wird man nicht in der Lage sein, seine Eitelkeiten zu zerstören. Wenn uns das nicht gelingt, wird das ganze Leben unbefriedigend sein, da sich die wahre Existenz in ein Spiel verwandelt hat.

Ich erinnere mich an einen Vorfall, als meine Mutter sich weigerte mir etwas zu geben, was ich unbedingt haben wollte. Ich fing zu weinen an, um ihre Aufmerksamkeit auf mich zu lenken. Da ich damit keinen Erfolg hatte – sie schien dadurch nicht gestört zu sein – erhöhte ich die Tonlage meiner Stimme und weinte weiter. Zehn Minuten später kam meine Mutter zu mir und erzählte mir, dass ich sie nicht stören könne denn sie glaube, dass das was ich da tat nicht echt sei, sondern nur ein Spiel und Sie fügte hinzu: »Du kannst dein Spiel bis zum nächsten Morgen fortsetzen, wenn es dir gefällt!« Ich hatte plötzlich das Gefühl ganz dämlich zu sein und fing zu lachen an. »Nun« sagte sie, »das ist wohl Teil deines Spiels. Hör auf damit und sei wieder du selbst!«

3. *Eitelkeiten zwingen deinem wahren Selbst ihr Bild auf und deine wahre Identität geht verloren.* Sobald deine wahre Identität verloren gegangen ist, benimmst du dich wie eine unechte Person. Eine unechte Person stellt sich nicht den vielen Herausforderungen und Realitäten des Lebens und sie versteckt sich hinter ihren Eitelkeiten. Man kann die Probleme des Lebens nicht durch die Macht seiner Eitelkeiten lösen und wenn man es trotzdem versucht, werden nur noch mehr Komplikationen auftreten.

Viele Meinungsverschiedenheiten oder Kämpfe werden nicht zwischen zwei echten Personen ausgetragen, sondern zwischen deren Eitelkeiten, da sie nicht fähig sind aus ihren Eitelkeiten auszusteigen und einander direkt zu begegnen. Somit kreieren die Eitelkeiten gespaltene Persönlichkeiten. Wenn man zwei oder drei Eitelkeiten hat, dann ist man zwei oder drei Persönlichkeiten, die nicht notwendigerweise in Einklang miteinander sind und dann ist da noch die eigene Identität, die auf diese Teilidentitäten aufgeteilt ist. Das ist der Grund weshalb Eitelkeit eine mentale Krankheit ist, es verhindert, dass du fokussiert bleibst oder verursacht, dass du hohl bist.

Diese Unfähigkeit sich zu fokussieren und die daraus entstehende Hohlheit kreiert eine innere Anarchie in dir. Die ätherischen Zentren, die viele Funktionen deines Körpers über das Nervensystem kontrollieren, weisen eine mangelnde Koordination auf. Ihre Synchronisationsmechanismen erlahmen und weisen schrittweise ordnungswidrige Funktionen auf, dieses beeinflusst den Körper negativ und führt zu bestimmten Krankheiten.

Wenn eine Eitelkeit die Persönlichkeit dominiert, zeigt die ganze Persönlichkeit Stärke und Ausdauer aber dann kollabiert man plötzlich. Wenn aber mehrere Eitelkeiten einen wechselseitig kontrollieren, hat man Anzeichen eines langsamen Prozesses des Zerfalls.

Es geschieht auch manchmal so, dass, wenn jemand oder ein Vorfall einen großen Teil der Eitelkeiten zermalmt und man in Apathie und Depressionen fällt, denn man braucht Zeit seine Mitte und seinen Fokus wieder zu finden – während dieser Zeit weiß man nicht was zu tun ist, denn der ganze Befehl ist verloren gegangen.

4. *Wenn deine wahre Identität ihre Mitte verlässt, verlierst du auch die Fähigkeit zu urteilen und deine Logik ist gestört.* Eitelkeiten haben eine eigene Systematik der Logik und Beurteilungskraft, und diese sind meist nicht dem Überleben dienlich. Es ist sehr schwer, durch Logik und Beurteilungskraft Menschen mit Eitelkeiten zu erreichen. Sollte man andererseits die Logik und Beurteilungskraft der Eitelkeiten verwenden, dann verstärkt man noch die Kraft ihrer Eitelkeiten. Menschen, die mit Eitelkeiten beladen sind, können allerdings sehr leicht durch geschickte Personen, die den »Code« zu ihren Eitelkeiten entschlüsselt haben, manipuliert werden. Auf diese Tatsache sind die Mechanismen der Werbung aufgebaut. Die »besten« Werbeleute sind diejenigen, die die Sprache der Eitelkeiten verstehen und diese spezielle Sprache nutzen, um Menschen zu manipulieren. Eitelkeiten widerstehen niemals den Anweisungen von außen, wenn man ihrer Sprache spricht.

Die Eitelkeit ist wie ein Dieb, der gestohlene Waren günstig an Manipulatoren veräußert, denn die Waren gehören ihm ja nicht.

Einmal fragte ich einen jungen Mann, der selbst voller Eitelkeiten, zudem aber vertraut war mit der Sprache der Eitelkeiten, wie er es bewerkstellige mit so vielen Frauen zusammen zu sein. »Nun« sagte er »ich berühre ihre Eitelkeiten, und sie sind mir erlegen. Ich erzähle ihnen: ich habe niemals zuvor eine Schönheit wie dich gekannt; ich habe niemals einen Körper wie deinen gesehen. Dein Herz ist wie eine blühende Rose. Du bist so intelligent…«

Die meisten Menschen sind nicht geschützt gegen eine solch verblendete Annäherung, es sei denn, sie hätten wirklich keine Eitelkeiten. Eitelkeiten verursachen, dass man angreifbar wird und man sehr leicht in die Hände von Manipulatoren fällt. Diejenigen, die keine Eitelkeiten haben, durchschauen die, welche die Eitelkeiten die sie nicht haben, ansprechen wollen und fühlen sich davon abgestoßen.

Interessant ist es zu beobachten, dass sich die Eitelkeiten wie hungrige Hunde verhalten; sie fressen und fressen und betteln dennoch nach mehr Futter. Schmeicheleien sind ihre Hauptmahlzeiten.

5. *Eitelkeit behindert dein wahres Selbst in seiner Manifestation und der Fähigkeit deine Geschicke zu lenken.* Es gibt keinen größeren Fehlschlag als den, nicht in der Lage zu sein, das eigene Leben zu führen.

Die größte Zielsetzung in unserem Leben ist es, unser wahres Selbst zu etablieren und danach zu leben und zu handeln, also wir Selbst zu sein. Eitelkeiten hindern uns dieses edle Ziel zu erreichen, denn sie beschäftigen unser wirkliches Selbst mit den Masken eines falschen Selbstes. In unserem Inneren ist ein großes Vakuum, denn das wahre Selbst ist abwesend.

6. *Eitelkeiten verhindern wahren Fortschritt im Leben, denn sie werden zu deinem Standard. Ich fragte einmal einen Bettler: »Warum arbeitest du nicht und verdienst Geld, damit du Dinge, die du haben möchtest, kaufen kannst?«*

Er schaute mich an und antwortete zynisch: »Die Menschen haben alles was ich benötige und wenn sie etwas haben, dann habe auch ich etwas. Ich brauche mir keine Sorgen über irgendetwas, was die anderen haben, zu machen. Ich bettele lediglich um mir die Zeit zu vertreiben!« Eitelkeit besitzt eine eigene Logik – diese Logik kann aber nicht verhindern, dass der Bettler einer bleibt.

7. *Eitelkeit errichtet in dir ein Gefängnis und verwahrt dich darin als glücklichen Gefangenen.* Wenn die Menschen versuchen, Tempel der Weisheit auf dem Fundamenten der Eitelkeit zu erbauen, erleben sie früher oder später die Vernichtung ihrer Werte, denn sie würden auf instabilen Untergrund bauen.

Diejenigen, die die Weisheiten studieren und Jünger des Lichts, der Liebe und der Schönheit sein möchten, müssen als allererstes ihre Eitelkeiten eliminieren. Wenn ihnen das nicht gelingt, werden all ihre Anstrengungen eine endgültige Vernichtung für sie vorbereiten. Eitelkeit verursacht auch einen ernsthaften Schaden an denjenigen, die sich auf dem Pfad befinden – Eitelkeit absorbiert und verschwendet die Elemente der Aura, die ansonsten zur Konstruktion der höheren Körper verwendet werden. Wenn die höheren Körper nicht aufgebaut werden können, kann man nicht auf den höheren Ebenen tätig sein und sollte man aber durch Zufall oder durch künstliche Mittel dorthin gelangen, dann erscheint man dort nackt!

Wie man seine Eitelkeiten zerstören kann

1. *Als erstes finde genau heraus:*
   a. wozu genau man fähig ist und wozu man in der Lage ist
   b. was genau man besitzt und glaubt, dass es einem gehört
   c. was genau man weiß, das man unter Beweis stellen kann
   – sowohl sich selbst, als auch den anderen.
   d. was genau man glaubt zu sein – wo genau befindet man sich auf dem Pfad.

Diese Fragen können sehr peinigend für einen sein, aber so wie man beharrlich versucht, seine wahre Natur zu erkennen, so werden sich die Freude und das Licht vervielfachen: das Augenlicht verbessert sich, die Sinne werden klarer und registrieren genauer alle Eindrücke – und die Gesundheit verbessert sich ganz allgemein. Die Gründe dafür sind, dass man sich seiner Mitte nähert und schließlich seinen wahren Platz im eigenen Königreich einnimmt; auch lässt man die seelische Energie im eigenen System frei zirkulieren, wenn falsche Selbstbilder aus der eigenen Sphäre entfernt wurden.

2. *Der zweite Schritt seine Eitelkeiten zu zerstören ist der, einen Lehrer zu finden und ihn zu bitten, die Eitelkeiten zu bearbeiten und zu zerstören* – dir dadurch strengste Disziplin aufzuerlegen. Manche Menschen glauben, dass Eitelkeiten immer Schmerz verursachende Auswirkungen besitzen – dies ist nicht der Fall. Manche Eitelkeiten sind höflich, bis zu einem gewissen Grad freigiebig, brav, ehrlich, rein, etc.. – aber all dies sind rein mechanische Vorzüge und werden durch Eitelkeiten verursacht.

Nur in Krisenzeiten und wenn man unter erheblicher Spannung steht, geben die Eitelkeiten auf und man erkennt sein wahres Naturell mit allen Verblendungen und Illusionen.

Ein wahrer Lehrer wird dich wegen deiner Eitelkeiten nicht verdammen oder kritisieren, aber er wird dich darauf aufmerksam machen und dich dabei unterstützen, sie zu bewältigen. Er wird aus folgenden drei Gründen keine anderen Eitelkeiten in dir aufdecken:

a. Wenn du wahrhaftig eine der Eitelkeiten bearbeitest, wirst du selber in der Lage sein, die dazugehörigen Eitelkeiten zu erkennen und es wird weniger schmerzhaft sein, als wenn der Lehrer sie aufdeckt.

b. Sollte er alle deine Eitelkeiten auf einmal erkennen und aufdecken, wirst du entweder ein Verteidigungssystem aufbauen, um deine Eitelkeiten zu schützen oder du wirst unter ihnen kollabieren.

c. Sollte er eine folgende Eitelkeit bearbeiten ohne die vorherige völlig zerstört zu haben, wird die zum Teil zerstörte Eitelkeit der anderen Eitelkeit als Nahrung dienen.

3. *Der dritte Schritt deine Eitelkeiten zu zerstören besteht darin, etwas über ihre Natur und Existenz zu lernen, indem du sie überprüfst und die Lehren, die dein Karma dir erteilt hat, zu studieren.* Versuche deine Fehler und Unzulänglichkeiten zu sehen – auch wenn du mit Lob und Applaus überschüttet wirst. Versuche die Sachen zu erkennen, die du falsch gemacht hast und was du wie verbessern kannst. Lasse nicht zu, dass das Lob der anderen dich blendet, sondern versuche zu erkennen, was du verbessern kannst.

Ganz gleich ob du ein Buch schreibst, ein Bild malst, ein Kleid nähst, einen Stuhl oder einen Tisch baust – wenn du eine Arbeit beendest, betrachte sie und sag: »Ich kann es noch besser!« Bewundere dich nicht selbst. Schmeichle dir nicht selbst. Sag dir stattdessen, dass du besser sprechen kannst, besser schreiben kannst, besser arbeiten kannst, besser sein kannst. Nur in solch einer Seelenverfassung kannst du deinen Horizont erweitern und mehr Inspiration empfangen, um dich selbst zu verbessern.

Du könntest fragen: »Wenn ich mich nicht selber loben soll, benötigen die anderen nicht Lob und Anerkennung, damit sie vorankommen?« Die Antwort darauf ist, dass du ihre Bemühungen begrüßen und ihre Arbeiten ohne Schmeicheleien und Lobhudeleien anerkennen kannst, und du kannst sie zusätzlich auch ermuntern, Besseres zu vollbringen. Du kannst dich auch selbst herausfordern, kreiere noch mehr Streben nach Höherem, anstatt dich zu loben und dir zu schmeicheln. Sobald du deine Schwächen unter einer Decke aus Lob versteckst, ist es unmöglich nicht noch mehr Eitelkeiten aufzubauen.

4. *Verstehe und begreife, dass alles, was du hast, oder wozu du in der Lage bist zu tun, dir nicht gehört, sondern dass es dir von »Oben« gegeben wurde, für einen guten Nutzen.* All deine Talente, deine Besitztümer gehören nicht dir, nicht einmal dein Körper, du bist lediglich der Hüter für alles. Deine Gesundheit und deine Weisheit wurde dir gegeben, um sie für Gottes Plan umzusetzen.

Ziehe den Schluss, dass das eine Selbst, die höchste Seele in dir existiert, und dass du in Ihm existierst. Begreife, dass Ihm alles gehört. Es wird sehr schwer sein, in solch einer Bewusstseinsverfassung Eitelkeiten aufzubauen, denn die Eitelkeiten entspringen einem separatistischen Bewusstsein. Sollte dich jemand für etwas Schönes loben, das du geschaffen hast oder besitzt, sage: »Es gehört nur Ihm« und sag es in Demut.

Es gab einmal einen König der nach vielen Siegen oder Festen sich in sein Zimmer begab und all seine Orden und Kleider ablegte, sich in einen schwarzen Sarg hineinlegte, der eigens für ihn angefertigt worden war. Im Sarg malte er sich aus, dass alles verloren sei und dass nur der Verfall sein Schicksal war. Nach zwei Stunden kam er aus dem Sarg heraus als ein demütiger, ausgewogener und vollkommen regenerierter Mensch. Als seine Frau seine merkwürdige Praktiken hinterfragte, antwortete er: »Es ist besser, mich in einem Sarg zu begraben als in Eitelkeit.«

Eitelkeiten sind wie eine schwere Decke, die auf einer Blumenwiese ausgelegt wurde. Die Blumen, dein Naturell, können nicht wachsen, solange sie unter der Decke deiner Eitelkeiten gefangen sind!

GLOSSAR

Ageless Wisdom/Das Zeitlose Wissen, die Zeitlose Weisheit: Die totale Summe aller Lehren, die von den großen spirituellen Lehrern während aller Zeiten gegeben wurden. Es bezieht sich auch auf das Alte Wissen (Ancient Wisdom), die Lehren (Teaching) und Alten Lehren (Ancient Teaching).

Angel, Solar/Sonnenengel: Auch bekannt als überpersönliches/transpersonales Selbst oder die überpersönliche Seele. Allgemein bekannt als die »Stimme des Gewissens«, es ist die richtungsweisende Kraft zu der sich die menschliche Seele bewusst oder unbewusst hin bewegt. Der Sonnenengel ist ein Mitglied der Hierarchie.

Astral World/Astrale Welt: Die Astral-Welt oder Emotional-Welt ist eine Sphäre, die aus einer besonderen Substanz besteht, die augenblicklich auf unsere Vorhaben, Gedanken, Aspirationen oder Verlangen antwortet.

Aura: Ein elektromagnetisches Energiefeld, das den physischen Körper umgibt und schützt, das Eindrücke erhält und Energieströme übermittelt. Es reflektiert unseren Gesundheitsstatus und schließt den Ätherkörper, den Astral- oder Emotionalkörper und den Mentalkörper mit ein.

Avatar: Ein Avatar ist eine vollständig entwickelte Persönlichkeit, die bewusst in Verbindung steht mit den Gesetzen und Großen Prinzipien des Sonnensystems. Er verbindet alles, mit dem er in Kontakt tritt, mit der Großen Quelle der Herrlichkeit und Kreativität. Er bringt Zielsetzung ins Leben durch alles, was er zustande bringt. Solche Persönlichkeiten erscheinen zyklisch. Durch das Erscheinen dieser Persönlichkeiten entstehen große Kulturen und Zivilisationen, die viele tausende Jahre fortbestehen. Sie sind »das verkörperte Wort« wie z. B.: Christus und Buddha.

Atlantean/Atlanter, atlantisch, Atlantis: Bezieht sich auf die Atlantische Zeit, auf den Kontinent und ihre Einwohner, die existierten und in prähistorischer Zeit wieder verschwanden. Atlantis lag an einem Ort, wo sich jetzt der Atlantische Ozean befindet.

Body, Astral/Der Astrale Körper, Astralleib, subtile Körper: Ein Fahrzeug, das aus astralen Substanzen zusammengesetzt ist und in welchem sich die emotionale Seite des Menschen ausdrückt. Auch der subtile (feinstoffliche) Körper oder emotionale Körper genannt.

Body Etheric/Der ätherische Körper, Ätherleib: Nicht nur der menschliche physische Körper besitzt ein elektromagnetisches Feld, sondern alle Lebensformen die sich in der Natur befinden. Dieses Feld ist ein subtiles Muster, um das herum der physische Körper gebaut ist. In den Alten Zeiten kannten die Menschen diesen Körper und nannten ihn den ätherischen Körper oder subtilen Körper. Durch seine Zentren belebt und initialisiert der ätherische Körper den physischen Körper und bringt ihn in Verbindung mit den höheren Ebenen, dem Energiekörper des Planeten und dem des Sonnensystems. Diese Zentren sind zunächst einmal nicht vollkommen aktiv. Durch das sich entfaltende menschliche Bewusstsein werden sie allmählich aktiviert und die subtilen Vehikel unterziehen sich einem Prozess der Transformation und Verfeinerung.

Body, Mental/Der Mentalkörper: Der Mentalkörper ist ein Mechanismus durch den wir unsere Ideen, Visionen und Empfindungen ausdrücken und in dem wir Wissen anhäufen.

Body, Subtle/Der Subtile Körper: Alle nicht- physischen Körper oder Vehikel.

Center/Zentren: (siehe auch Chakra und Ätherisches Zentrum) Ein Zentrum empfängt, assimiliert und lenkt Energie. Das Geheimnis der Schönheit, Gesundheit, des Erfolgs und der Kreativität liegt im korrekten empfangen, korrekten assimilieren und im korrekten lenken der Energie der höheren Zentren.

Es gibt sieben Hauptchakren und ihr physisches Gegenüber:

Das Kopfzentrum	Die Zirbeldrüse
Das Ajna Zentrum	Die Hirnanhangdrüse
Das Hals Zentrum	Die Schilddrüsen
Das Herz Zentrum	Die Thymusdrüse
Das Solarplexus Zentrum	Die Bauchspeicheldrüse
Das Sakral Zentrum	Die Keimdrüsen
Das Wirbelsäulenbasiszentrum	Die Nebennieren

Außer diesen Zentren gibt es noch 21 Nebenzentren und 49 Zentren von geringerer Bedeutung.

Center Etheric/Das Ätherische Zentrum: Energiewirbel, bestehend aus den feineren Substanzen der physischen Ebene. Diese Zentren übertragen lebensnotwendige Energien an den physischen Organismus und werden oftmals im Sanskrit mit der Bezeichnung Chakras erwähnt.

Chakra: Ein Energiewirbel, der in jedem Fahrzeug existiert und sich auf bestimmte Körperteile des Menschen bezieht. Es gibt sieben Hauptchakras. Sie sind: am höchsten Punkt des Kopfes, (1) Scheitel, (2) Stirn, (3) Kehle, (4) Herz, (5) Nabel, (6) Fortpflanzungsorgane und (7) Wurzel der Wirbelsäule.

Chalice/Der Kelch: (Die Schatztruhe) Der Kelch ist der Behälter in dem die wahren Schätze des Menschen angesammelt werden. Alle Errungenschaften des Menschen durch die Jahrhunderte, die Essenz seiner Liebe, wahres Wissen und aufopfernde Dienste werden dort aufbewahrt.

Entities/Wesenheiten: Das Wort »Wesenheit« wird in der Esoterik für alle nicht inkarnierten Persönlichkeiten verwendet.

Esotericism/Die Esoterik: Die geheimen oder nichtöffentlichen philosophischen Doktrinen, die lediglich an die Eingeweihten einer Gruppe offenbart werden sollen.

Fire, Creative/Das kreative Feuer: Das kreative Feuer ist das Zentrale Feuer, angelehnt an einen der Willen Gottes. Das Zentrale Feuer ist ein Ausdruck für das Höchste Wesen aus dem Aspekt der feurigen Energie.

Hierarchy/Die Hierarchie: Die spirituelle Hierarchie, deren Mitglieder über die Materie gesiegt haben und die vollkommene Beherrschung Ihrer Persönlichkeit oder Ihres niederen Selbstes erreicht haben. Ihre Mitglieder sind als Meister der Weisheit bekannt, die die Hüter des Planes sind, der für die Menschheitsentwicklung und für alle sich entwickelnden Reiche auf unserer Erdensphäre aufgestellt wurde.

Higher Worlds/Die Höheren Welten: Die Höheren Welten sind die Existenzebenen mit feineren Schwingungen als die, die auf der physischen Ebene vorhanden sind. Im Allgemeinen bezieht sich dieser Ausdruck auf die höheren Mentalebenen und darüber hinaus.

Lemurian/Lemuren: Lemuren sind die Bewohner des   Lemurischen Kontinents. Der Begriff bezieht sich auch auf die Zeit der Lemuren, die in den prähistorischen Zeitaltern existierten und dem Untergang preisgegeben waren. Der Lemurische Kontinent befand sich dort, wo der Pazifische Ozean heute existiert und war älter als Atlantis.

The Path/Der Weg: Der Weg der spirituellen Entfaltung.

The Plan/Der Plan: Der Plan bezieht sich auf das Höchste Ziel des Universums, »dem die Meister wissend dienen.«

Planes/Die Ebenen: Es gibt sieben Ebenen, durch welche das Menschenwesen reist und die das menschliche Bewusstsein bilden. Von unten nach oben heißen sie: physische, emotionale oder astrale, mentale, Intuitions- oder buddhische, atmische, monadische, göttliche Ebene.

Psychic Energie/Psychische Energie: Psychische Energie bezieht sich auf den Energiefluss der aus unserem innersten Zentrum stammt, aus dem kreativen Kern. Sie elektrifiziert und lädt alle unsere Vehikel mit Lebensenergie, Liebe und Licht auf.

The Rays/Die Strahlen: Alle Zentren im Planeten drücken eine oder mehrere der sieben Arten von Energie aus, die wir die Sieben Strahlen nennen. Diese Strahlen betreffen die sieben Felder der menschlichen Bestrebungen:

Erster Strahl	Kraft und Politik
Zweiter Strahl	Erziehung und Psychologie
Dritter Strahl	Philosophie und Kommunikation
Vierter Strahl	Schönheit und Harmonie
Fünfter Strahl	Die Wissenschaften und konkretes Wissen
Sechster Strahl	Religion und Hingabe/Verehrung
Siebenter Strahl	Rituelle Ordnung und Finanzwirtschaft

self/Das niedere Selbst: Es ist die totale Summe der physischen, emotionalen und mentalen Körper des Menschen. Im Allgemeinen das niedere Selbst genannt oder die Persönlichkeit.

Self/Das Selbst: Ist ein anderer Ausdruck der benutzt wird, um sich auf das Kernzentrum des Menschenwesens zu beziehen. Das wahre Selbst ist die sich entwickelnde Menschenseele, die sich zu befreien versucht, ihr wahres Selbst wird und zur Quellle, zum Ursprung zurück kehrt.

Soul/Die überpersönliche, transpersonale Seele: Auch als Sonnenengel bekannt.

Soul/Die sich entwickelnde Seele: Sie ist die menschliche Psyche, der Funken, der sich auf dem Entwicklungsweg befindet und drei Kraftquellen hat: die Willenskraft, die Anziehungskraft und die Intelligenz, die ihre Entwicklung richtig leitet.

Subtle World/Die Subtile Welt: Bezieht sich auf die emotionale oder astrale Welt.

Sufi: Ein Islamischer Gelehrter

Suggestions, Post-Hypnotic or Hypnotic/Posthypnotische oder Hypnotische Eingebungen: Alle Eindrücke, die uns via Nachrichten, Presse oder andere Quellen erreichen, die wir nicht kritisch überprüfen oder von uns empfangen werden, wenn wir uns in einem unbewussten Zustand befinden, werden als posthypnotische Eingebungen bezeichnet.

Teaching/Die Lehren: Siehe Zeitloses Wissen.

Thoughtforms/Gedankenformen: Gedankenformen sind Formen, die im Mentalkörper geformt werden. Alle kreierten Formen sind Gedankenformen einiger Denker, kristallisiert und materialisiert.

Transcendental Values/Transzendentale Werte: Alles was nicht materieller Natur ist, zum Beispiel: Geld ist ein materieller Wert, aber Tugenden sind transzendentale Werte.

Transpersonal Self/Das Überpersönliche Selbst: Der Sonnenengel, der Innere Führer.

Transpersonal Values/Überpersönliche Werte: Die Werte, die eine Verbindung zu unserer inneren Führung herstellen. Einige Beispiele der Werte sind: Schönheit, Strebsamkeit, Der Wille zum Guten.

Treasury, Inner: siehe Chalice/Kelch

Vehicles/Vehikel: Die Vehikel der menschlichen Seele sind die physischen, emotionalen und mentalen Körper zuzüglich des ätherischen Doppelgängers. Diese Vehikel in ihrer Gesamtheit formen die Persönlichkeit einer sich entfaltenden menschlichen Seele.

Über den Autor

Torkom Saraydarian (1917–1997) wurde in Kleinasien geboren. Seit seiner Kindheit wurde er in den Lehren der »Zeitlosen Weisheitslehren« trainiert.

Er besuchte Klöster, antike Tempel und Mysterienschulen um Antworten zu finden auf seine brennenden Fragen über das Mysterium Mensch und Universum. Er lebte mit Sufis, Derwischen, christlichen Mystikern und Meistern der Tempelmusik und des Tanzes. Sein musikalisches Training beinhaltete das Spiel der Violine-, Piano-, Oud-, Cello- und Gitarre. Es waren lange Jahre der Disziplin und des Dienstes nötig, um die Zeitlosen Weisheitslehren von ihren wahren Quellen her zu studieren. Meditation wurde zu einem festen Bestandteil seines Tagesablaufes und Dienst ein natürlicher Ausdruck seiner Seele.

Torkom Saraydarian widmete sein ganzes Leben dem Dienst am Nächsten. Seine Schriften, Vorträge und seine Musik zeigt seine totale Hingabe an die »Höheren Prinzipien«, Werte und Gesetze, die präsent sind in allen Weltreligionen und Philosophien. Diese Arbeiten repräsentieren eine Synthese vom Besten und Schönsten aller Heiligen Kulturen der Welt und bereichern das Fundament auf dem wir unsere Zukunft kreieren.

Torkom Saraydarian schrieb eine große Anzahl von Büchern, viele davon wurden bereits publiziert. Alle seine Bücher werden fortwährend weiter publiziert. Einige davon wurden bereits ins Armenische, Deutsche, Italienische, Spanische, Portugiesische, Griechische, Holländische und Dänische übersetzt.

Er hinterließ der Menschheit einen reichen Nachlaß von Schriften, sowie auch musikalische Kompositionen zur Erbauung für viele noch kommende Jahre.

Für weitere Informationen und Interviews besuchen Sie bitte unsere Website: www.tsgfoundation.org, oder rufen Sie uns an für gedruckte Informationsbroschüren.

Andere Bücher von Torkom Saraydarian

- The Ageless Wisdom
- The Aura
- Avatars: Revelations of God
- Battling Dark Forces
- The Bhagavad Gita
- Breakthrough to Higher Psychism
- Buddha Sutra – A Dialog with the
  Glorious One
- Challenge for Discipleship
- Christ, the Avatar of Sacrificial Love
- A Commentary on Psychic Energy
- Cosmic Shocks
- Cosmos in Man
- The Creative Fire
- The Creative Sound:
  Sacred Musik, Dance, and Song
- Dialogue with Christ, 2nd Ed.
- Dynamics of the Soul
- Dynamics of Success
- Education as Transformation, Vol. 1
- Education as Transformation, Vol. 2
- The Eyes of Hierarchy
- Flame of Beauty, Culture, Love, Joy
- The Flame of the Heart
- From My Heart – Volume 1 (Poetry)
- Glossary, A Concordance of
  Torkom Saraydarian`s Works
- Hiawatha and the Great Peace
- The Hidden Glory of the Inner Man
- Initiation: The Path of Living Service
- I Was
- Joy and Healing
- Karma and Reinkarnation
- Leadership Vol. I
- Leadership Vol. II
- Leadership Vol. III
- Leadership Vol. IV
- Leadership Vol. V
- Legend of Shamballa

- The Mystery of Self-Image
- The Mystery of Willpower
- New Dimensions in Healing
- Obsession and Possession
- Olympus World Report ... The Year 3000
- One Hundred Names of God
- Other Worlds
- The Psyche and Psychism
- The Psychology of Cooperation
  and Group Consciousness
- The Purpose of Life
- The Science of Becoming Oneself
- The Science of Meditation
- The Sense of Responsibility in Society
- Sex, Family and the Woman in Society, 2nd Ed.
- The Solar Angel
- The Solar Angel II
- Spiritual Regeneration
- Spring of Prosperity
- The Subconcious Mind and the Chalice
- Symphony of the Zodiac
- Talks on Agni, Vol. 1
- Talks on Agni, Vol. 2
- Talks on Agni, Vol. 3
- Teaching the Ageless Wisdom
- Thought and the Glory of Thinking
- Transformation:
  Methods for the Transformation of Life
- Triangles of Fire
- Unusual Court
- Woman, Torch of the Future, 2nd Edit.
- The Year 2000 and After

Booklets
- The Art of Visualisation – Simply Presented
- The Chalice in Agni Yoga Literatur
- A Daily Discipline of Worship
- Daily Spiritual Striving
- Discipleship in Action
- Earthquakes and Disasters –
  What the Ageless Wisdom tells us

- Entering the New Millenium
- Fiery Carriage and Drugs
- Hierarchy and the Plan
- How to Find Your Level of Meditation
- Irritation – The Destructive Fire
- Mental Exercises
- Nachiketas: The Ceremony of Immortality
- Practical Spirituality
- Prayers, Mantrams and Invocations
  (Includes Five Great Mantras of the New
  Age) Questioning Traveler and Karma
- Synthesis

Familienserien:
- Cooperation
- Duties of Grandparents
- Family Relations
- For Men
- For Women
- Ideal Marriage
- Responsibility
- Responsibility of Fathers
- Responsibility of Mothers
- Success
- The Heart of Your Partner
- Women as Torchbearers

Booklets:
Excerpte & Kompilationen
- Angels and Devas
- First Steps Toward Freedom

Booklets kostenfrei im Internet oder auf Wunsch ausgedruckt:
- Cornerstones of Health
- Earrings for Business People
- Inner Blooming
- New Beginnings
- Saint Sergius
- Courage
- Solemnity

Musik:
- A Touch of Heart
- Dance of the Zodiac
- Far Horizons
- Fire Blossom
- Infinity
- Lao Tse
- Light Years Ahead
- Lily in Tibet
- Misty Mountain
- Piano Composition
- Rainbow
- Spirit of My Heart
- Sun Rhytms
- Tears of My Joy
- Toward Freedom
- 1994 Annual Convention Special Edition
  – Synthesizer Music

Video- und Audio-Vorlesungen
- The Seven Rays Interpreted
- Why Drugs Are Dangerous

Video auf VHS und PAL. Mitschnitte auf Kassette und CD.
Eine vollständige Liste der Vorträge auf Video, Kasetten, CDs und DVDs finden Sie online.

Der vollständige gedruckte Katalog ist auf Nachfrage erhältlich
und auch online zu finden unter:

www.tsgfoundation.org
info@fsgfoundation.org
Tel.: 001 480 502-1909

Über den Herausgeber

T.S.G. Publishing Foundation, Inc. ist eine gemeinnützige, von der Steuer befreite Organisation.

Gegründet am 30. November 1987 in Los Angeles, California, und umgesiedelt am 1. Januar 1994 nach Cave Creek, Arizona.

Unser Beweggrund ist es einen Pfad der Selbsttransformation zu bilden. Wir haben uns völlig der Herausgabe von Torkom Saraydarians kreativen Schriften und Arbeiten, dem Lehren und dem Vertrieb seiner kreativen Arbeiten gewidmet.

Unser Buchladen in Cave Creek und unser Online Buchladen **www.tsgfoundation.org** offeriert Ihnen die komplette Sammlung der kreativen Arbeiten von Torkom Saraydarian frei zum Verkauf und Vertrieb.

Unsere Zeitung »Outreach« beinhaltet Artikel, die zum Nachdenken provozieren. Sie ist gedruckt, sowie auch auf unserer Website als freie Email Mitteilung erhältlich. Wir leiten wöchentliche Studienklassen, spezielle Trainingsseminare und Studien- und Meditationskurse, die man von zu Hause aus praktizieren kann.

Torkom Saraydarian Book Publishing Fund

Torkom Saraydarian widmete sein ganzes Leben dem Dienst am Nächsten und dessen spirituellem Wachstum. Am Ende seines Lebens waren es bereits 100 Manuskripte, die geschrieben und vorbereitet waren zur Publikation. Diese Arbeit stellt ein nahtloses Gewebe der Weisheit dar. Wir haben uns der Herausgabe der kompletten Sammlung angenommen.

Torkom Saraydarian hatte ein einzigartiges Wissen und die Hingabe in einem einzigen Leben all diese wunderbaren Bücher zu schreiben. Nun ist es an uns die Arbeit zu tun. Zusammen können wir seinen Traum Realität werden lassen und seinen Nachlass Wirklichkeit werden lassen.

Unser Bestehen fundiert auf den Einnahmen der herausgegebenen Bücher. Ein spezieller Fund, »The Torkom Saraydarian Book Publishing Fund« wurde etabliert um seinen Nachlass zu vervollständigen. Kontaktieren Sie uns zu genaueren Information über den »Book Fund« und der Aktualisierung der verbleibenden Manuskripte.

Als wir begannen dieses Buch zu drucken, hatten wir noch 75 unveröffentlichte Titel! Wir brauchen Ihre Hilfe, um diesen »Schatz des Wissens« herauszubringen.

Sie können zum Fond eines vollständigen Buches beitragen oder einem gewissen Betrag Ihrer Wahl auf kontinuierlicher Basis oder einem einmaligen Beitrag leisten.

Vielen Dank für Ihre, Eure liebende und beständige, fortwährende Unterstützung.

Die Torkom Saraydarian Universität

Torkom Saraydarian träumte von einem Trainingszentrum, oftmals nannte er es »**die Universität**«, wo Männer und Frauen in der Theorie und der Anwendung der Höheren Prinzipien und Werte der »Zeitlosen Weisheitslehren« trainiert werden. Er nannte solch eine höhere Ausbildung »Aquarian Education«. Kontinuierlich ermutigte er seine Studenten Institutionen dieser Art in der Zukunft zu gründen.

>»Es besteht ein wachsender Bedarf an Führung auf dem Feld esoterischem Wissens. Mehr und mehr Menschen sind desillusioniert mit den Lehren der Opportunisten, desillusioniert durch Menschen, die zwar gute Absichten haben, aber dennoch voller Verblendung und Eitelkeiten sind, oder desillusioniert durch Menschen, die die Lehren benutzen als Geschäft, einzig allein um Geld zu machen.
>
>Großer Schaden wird Menschen zugefügt, die sich dem Teaching, den Lehren mit Aufrichtigkeit im Herzen nähern, aber gefangen werden in Gruppen, Institutionen, die als Ausbeutungsfalle funktionieren. Einige dieser Sucher vergessen allmählich ihre Suche und passen sich ihrer Umgebung an. Einige unterdrücken ihre Bemühung und ihr Streben vollständig, weil sie so sehr desillosioniert sind. Nur ein kleiner Prozentsatz, durch Unterscheidungskraft, führen ihre Suche fort, ein sauberes Feld zum Wachsen und Dienen zu finden.
>
>Die Zahl der wahren Sucher vergrößert sich. Wir müssen uns vorbereiten die Bedürfnisse erfüllen zu können, und in der Zwischenzeit nicht in die Falle der Eitelkeiten und Verblendungen geraten, oder die Sucher für unsere eigenen Interessen zu benutzen.«

Aus Torkom Saraydarian, Leadership I, Seite 16.

Unser erster Trainingskurs wurde im September 2000 abgehalten. Wir haben Studienklassen online, sowie auch in Form von Korrespondenz. Für weitere Informationen zu unseren Studienkursen und zur Online Registrierung besuchen Sie bitte unsere Website: **www.TorkomSaraydarianUniversity.org** oder schreiben Sie uns.

Bestell-Informationen

Die gesamte kreative Arbeit und die Produkte von T.S.G. sind zum Verkauf erhältlich bei www. tsgfoundation.org. Zur zusätzlichen Information:
- kompl. Liste der Lehrkassetten und Videos
  ($ 2 für jede Liste – frei erhältlich auf unserer Website)
- Plazierung auf unserer Mailingliste für kontinuierliche Aktualisierungen.
- Eine freie Kopie unserer Zeitung »Outreach«
  (letzte Ausgabe, plus archivierter Kopien erhältlich auf unserer Website)
- Schliessen Sie sich unserem Buch-Club an, ohne Gebühr. (Erhalten Sie 20 Prozent Erlaß auf jede Neuerscheinung von Torkom Saraydarian. Jedes Buch wird automatisch an Sie gesandt, sobald es erscheint.) Senden Sie uns Ihre Genehmigung zu, Sie im »Buch-Club« aufnehmen zu dürfen.

Zusätzliche Kopien von »First Steps Toward Freedom« (englisches/amerikanisches Original)
Kontaktieren Sie uns wegen der Verschiffungs- und Beförderungsgebühr. Für internationale Bestellungen teilen Sie uns bitte mit, ob Sie Ihre Bestellung per Luftpost oder auf gewöhnlichem Postwege zugesandt haben möchten.

T.S.G. Publishing Foundation, Inc.
P.O. Box 7068
Cave Creek, Arizona 85327-7068
United States of America
Tel.: 001 480 502-1909
Fax: 001 480 502-0713
www.tsgfoundation.org

Bestellungen der deutschen Ausgabe »Erste Schritte in die Freiheit«:

- BOB BewusstseinsOrientierteBücher -
GbR Ursula Grossmann, Daniela Mohr,
Susanne Herzer, Thomas Herzer
Rappengasse 21
67365 Schwegenheim
Tel: +49 (0)6344-8622
E-Mail: info@bob-shop.online
www.bob-shop.online

Empfohlenes Lesematerial

Saraydarian, Torkom. Cave Creek, AZ: TSG Publishing Foundation, Inc.
»Buddha Sutra, A Dialogue with the Glorious One«
»New Dimensions in Healing«
»Thought and the Glory of Thinking«

Saraydarian, Torkom. Sedona, AZ: Starfire Recordings.
»Infinity«

Saraydarian, Torkom. Sedona, AZ: Aquarian Educational Group.
»The Science of Meditation«
»Sex, Family, and the Woman in Society«
»The Solar Angel«

Agni Yoga Society. New York: Agni Yoga Society.
»Supermundane, Vols. I, and II«

Bailey, Alice A. New York: Lucis Publishing Co.
»Externalisation of the Hierarchy«
»Initiation Human and Solar«
»Letters on Occult Meditation«

Alles das ist ebenfalls erhältlich durch **T.S.G. Publishing Foundation, Inc.**
Für weitere Informationen schreiben Sie oder rufen Sie uns an.

T.S.G. Publishing Foundation ist eine Organisation, die ohne Profit arbeitet und von der Steuer ausgenommen ist.

Wir verstehen uns als ein Pfad zur Selbst-Transformation. Wir bieten Bücher, CDs und DVDs, Klassen und Seminare als auch Kurse für Zuhause an, die auf den Werten und höheren Prinzipien der Zeitlosen Weisheit basieren.

Diese wunderbaren Bücher wurden mit Hilfe von großzügigen Spenden der Studierenden der Zeitlosen Weisheiten publiziert. All jenen gilt unsere tiefe Dankbarkeit.